Propósito, sentido y pasión

SERIE INTELIGENCIA EMOCIONAL DE HBR

Serie Inteligencia Emocional de HBR

Cómo ser más humano en el entorno profesional

Esta serie sobre inteligencia emocional, extraída de artículos de la *Harvard Business Review*, presenta textos cuidadosamente seleccionados sobre los aspectos humanos de la vida laboral y personal. Estas lecturas, estimulantes y prácticas, ayudan a conseguir el bienestar emocional en el trabajo.

Mindfulness
Resiliencia
Felicidad
Empatía
El auténtico liderazgo
Influencia y persuasión
Cómo tratar con gente difícil
Liderazgo (Leadership Presence)
Propósito, sentido y pasión
Autoconciencia
Focus
Saber escuchar
Confianza
Poder e influencia

Otro libro sobre inteligencia emocional de la *Harvard Business Review*:

Guía HBR: Inteligencia Emocional

Propósito, sentido y pasión

SERIE INTELIGENCIA EMOCIONAL DE HBR

Reverté Management
Barcelona · México

Harvard Business Review Press
Boston, Massachusetts

Propósito, sentido y pasión
Serie Inteligencia Emocional de HBR
Purpose, Meaning and Passion
HBR Emotional Intelligence Series

Loreto 13-15, Local B. 08029 Barcelona - España
revertemanagement.com

4ª impresión: julio 2021

Edición en papel
ISBN: 978-84-949493-4-0

Edición ebook
ISBN: 978-84-291-9532-3 (ePub)
ISBN: 978-84-291-9533-0 (PDF)

Editores: Ariela Rodríguez / Ramón Reverté
Coordinación editorial: Julio Bueno
Traducción: Genís Monrabà Bueno
Maquetación: Patricia Reverté
Revisión de textos: Mariló Caballer Gil

Impreso en España - *Printed in Spain*
Depósito legal: B 22787-2019
Impresión: Liberdúplex, S.L.U.
Barcelona - España

26

Contenidos

Propósito, sentido y pasión

SERIE INTELIGENCIA EMOCIONAL DE HBR

1

Encontrar un sentido a tu trabajo, aunque este sea aburrido

Morten Hansen y Dacher Keltner

¿Alguna vez te has preguntado qué sentido tiene tu trabajo?

En Estados Unidos, la gente acostumbra a trabajar entre 35 y 40 horas semanales. Eso suma unas 80.000 horas de trabajo a lo largo de toda tu vida; es decir, más tiempo del que pasarás con tus hijos. Pero, aparte de un sueldo, ¿qué te aporta el trabajo? Pocas preguntas son tan importantes. Es triste pasar la vida trabajando sin encontrar ningún sentido a lo que haces; creer que el trabajo es un vacío que te roba la energía del cuerpo y del alma. En realidad, mucha gente piensa de este modo. Un estudio realizado a gran escala afirma que solo el 31% de los trabajadores están comprometidos con su trabajo[1].

Sin embargo, a pesar de que muchos empleados no disfrutan de su actual lugar de trabajo, este también les proporciona experiencias significativas. Así pues, ¿qué le da sentido al trabajo?

Hemos realizado una lista basada en nuestras lecturas sobre comportamiento organizacional y psicología. Muchas teorías buscan la solución en conceptos como la necesidad, la motivación, el estatus, el poder o las teorías comunitarias. Pero la frase «dar sentido al trabajo» se refiere a la experiencia significativa que una persona obtiene de este. Que no es lo mismo que «un trabajo con sentido», que se refiere a la realización del trabajo en sí. El trabajo es un ámbito social que también puede ofrecer otro tipo de experiencias.

Antes de presentar la lista, es importante tener en cuenta estos puntos:

- Cada persona busca un significado distinto en el trabajo.
- Cada lugar de trabajo proporciona un significado distinto.

El propósito

Contribuciones más allá de ti mismo

La gente de Kiva, una organización sin ánimo de lucro, concede microcréditos a personas que disponen de pocos recursos para que emprendan un pequeño negocio y mejoren su nivel de vida. El propósito de su empresa es extraordinario: ayudar a la gente necesitada. De este modo, su vida tiene sentido, porque con su trabajo contribuyen a algo que va mucho más allá de sí mismos.

El problema es que la mayoría de los trabajos no tienen un propósito tan elevado, ya sea porque el trabajo no es nada del otro mundo o porque —seamos sinceros— la empresa no tiene ninguna misión social. Los críticos de la cultura del lugar de trabajo, como el analista económico Umair Haque, defienden que los puestos de trabajo que solo tienen como objetivo vender más mercancía —hamburguesas, refrescos, ropa de alta costura, etc.— no tienen ningún propósito más allá de este. En su opinión, el eslogan de Coca-Cola, «Destapa la felicidad», no contiene ningún mensaje más allá de su significado literal. Sin embargo, tal y como aseguran analistas como Teresa Amabile y Steve Kramer, en muchos trabajos se puede encontrar un propósito adecuado (en el capítulo 9 se explican los pasos para dar gradualmente un significado al trabajo). Las empresas que realmente se esfuerzan por tomar responsabilidades sociales hacen esto: por ejemplo, Danone, el gigante comercial que se dedica a la venta de yogures, se propuso ser una compañía que ofreciera alimentos saludables a sus consumidores —lo cual supuso la venta de su negocio de galletas—. Pero en este caso lo importante era que el mensaje llegara a sus trabajadores; es decir, que sintieran que su trabajo contribuía al beneficio de los demás. Si lo lograban, entonces sus trabajadores conseguirían encontrar un sentido a su trabajo.

Autorrealización

Aprendizaje

Muchos graduados MBA (Maestría en Administración de Empresas) acuden a trabajar para McKinsey, Boston Consulting Group (BCG) u otras consultorías para adquirir rápidamente las habilidades que necesitan. General Electric tiene la fama de formar a directores generales. Y la gente que quiere ser agente comercial anhela la oportunidad de trabajar con Procter & Gamble. El trabajo ofrece la oportunidad de aprender, de ampliar horizontes y de mejorar la conciencia de uno mismo. Este tipo de crecimiento personal también da sentido a tu trabajo.

Logros

El trabajo también es un espacio apto para lograr los éxitos y el reconocimiento que te proporcionan confianza, satisfacción y autoestima. En el documental *Jiro Dreams of Sushi* vemos cómo el mejor chef de Japón dedica su vida entera para lograr cocinar el mejor sushi. Algunos críticos como Lucy Kellaway del *Financial Times* afirman que, detrás de ese propósito, no hay ningún motivo social, benéfico o comunitario. Pero la búsqueda de la perfección de Jiro —el chef del documental— dota de significado a su vida. Además, para Jiro, el propio acto de hacer sushi es satisfactorio por sí mismo.

Prestigio

Estatus

En los cócteles o las veladas vespertinas, una de las preguntas más frecuentes es: «¿A qué te dedicas?». La oportunidad de contestar «Trabajo como doctor en la Harvard Medical School» proporciona reconocimiento y estatus. Para mucha gente, ese momento vale la pena, a pesar de los agotadores turnos de noche. Una empresa de alto nivel siempre aporta respeto, reconocimiento y cierto orgullo para sus trabajadores; eso también da sentido a su trabajo.

Poder

Como Paul Lawrence y Nitin Nohria explican en su libro *Driven*, para los que anhelan poder, el trabajo les ofrece la oportunidad de adquirirlo y ejercerlo. Quizá no seas uno de esos, pero si lo eres, tu experiencia en el trabajo tendrá sentido porque te permitirá alcanzar tu meta.

Recompensas sociales

Pertenecer a una comunidad

Empresas como Southwest Airlines no escatiman esfuerzos para crear un ambiente de trabajo en el que la gente se sienta reconocida y valorada. En una sociedad donde cada uno acostumbra a ir por su cuenta, mucha gente busca un lugar donde poder forjar amistades y sentirse integrado en una comunidad (en el libro de Robert Putnam, se describe la decadencia de las ligas de bolos como metáfora para explicar el cambio de rumbo que han tomado las estructuras sociales de la actualidad[2]). El lugar de trabajo puede complementar o llegar a sustituir otras estructuras comunitarias como la familia, el vecindario o los clubs sociales. Los trabajos que proporcionan un sentido de comunidad dan significado a tu vida.

Acción

Muchos trabajadores también encuentran un significado en su trabajo cuando se les permite realizar tareas importantes, cuando sus ideas reciben la atención adecuada y cuando ven reflejado el impacto de su contribución en la empresa. Estar implicado y comprometido con un propósito da sentido al trabajo de mucha gente.

Autonomía

Como Dan Pink muestra en su libro *Drive,* la autonomía —la ausencia de alguien que te diga lo que debes hacer y la libertad de hacer tu trabajo cuando tú quieras— es una gran motivación intrínseca. Cierta gente se ve atraída por los trabajos que ofrecen un alto grado de autonomía. Por ejemplo, los emprendedores con frecuencia empiezan un negocio propio para poder ser sus propios jefes. Este tipo de libertad da significado a su trabajo.

No existe la menor duda de que otros factores pueden dar sentido a tu trabajo, pero los que se han nombrado en esta lista son especialmente importantes. ¿Cuál de ellos es importante para ti? ¿Cuál te ofrece tu lugar de trabajo? Encontrar muchos significados a tu trabajo no tiene por qué ser más satisfactorio; experimentar uno de ellos a fondo es suficiente. Pero si no encuentras ninguno, sin duda estás ante un gran problema.

MORTEN HANSEN es profesor en la Universidad de California, Berkeley y en la INSEAD (Francia). Es el autor de *Collaboration: How Leaders Avoid the Traps, Build Common Ground, and Reap Big Results* (Harvard Business Review Press, 2009). DACHER KELTNER es profesor de psicología en la UC Berkeley y autor del libro *Born to Be Good: The Science of a Meaningful Life* (W.W. Norton, 2009).

Notas

1. Enero de 2013. «Employee Engagement Research Report», *Blessing White*: cort.as/-EPVv.
2. Putnam, R. D. 2001. *Bowling Alone: The Collapse and Revival of American Community*. New York: Touchstone Books.

Adaptado del contenido publicado en hbr.org
el 20 de diciembre de 2012 (producto #H009WH).

2

Qué debes hacer cuando pierdes la pasión por lo que haces

Andy Molinsky

En un mundo ideal, nuestro trabajo sería gratificante, tendría sentido y sería estimulante por sí mismo. ¿Qué ocurre si no es así? ¿Qué sucede si estás atrapado en un trabajo o en una carrera que te gustaba pero que ahora te aburre soberanamente?

Mucha más gente de la que te imaginas se encuentra en esa situación. Según una encuesta de Gallup de 2017, solo un tercio de los trabajadores de Estados Unidos está motivado y comprometido con su trabajo. Esto significa que solo uno de cada tres empleados muestra un nivel aceptable de iniciativa, compromiso, pasión y productividad en su puesto de trabajo[1]. Por lo tanto, la mayoría de los trabajadores no están satisfechos con su trabajo.

En realidad, existen muchos motivos para explicar ese malestar general. Quizá te sientas atrapado en un trabajo repetitivo, haciendo una y otra vez lo mismo. Puede ser que no encuentres ningún sentido a las labores que estás realizando. Puede ser que sientas que los líderes de tu empresa te controlan demasiado o que en absoluto se preocupan por tu aprendizaje y tu desarrollo. O, a lo mejor, tu propio crecimiento y desarrollo ha hecho que las pasiones y las prioridades que tenías cuando empezaste hayan cambiado por completo.

Veo y escucho síntomas de malestar laboral todo el tiempo —en el trabajo cuando enseño y preparo al personal de las empresas, en los debates que siguen a mis discursos corporativos o en las conversaciones con mi familia y mis amigos—. Aunque la mayoría de nosotros responde a esta situación con resignación y una sonrisa en el rostro, las investigaciones científicas más novedosas afirman que existen fórmulas para reconfigurar o reinventar una existencia profesional decepcionante.

Valora qué esperas de tu trabajo en este momento de tu vida

No todo el mundo aspira a desarrollar una carrera meteórica. En realidad, según la investigación de Amy Wrzesniewski, profesora asociada de Psicología Organizacional de Yale, la gente tiende a encajar en una de estas tres categorías: los que ven su trabajo como una carrera, los que lo consideran solo un trabajo y los que lo sienten como una vocación[2]. Como era de esperar, este tercer grupo es el que presenta unos niveles de participación y satisfacción más altos en su trabajo. La clave se encuentra en saber qué te importa en este momento —qué te interesa, qué te apasiona, qué te motiva—, y empezar a crecer desde ahí. Es posible que las razones que impulsaban tu carrera cuando tenías veinte años no encajen con tus intereses actuales. No esperes que los intereses que te estimulan a tus cuarenta, cincuenta o sesenta años se correspondan con los que tenías a los veinte. Aunque no encuentres tu verdadera vocación, al menos debes incrementar las posibilidades de encontrar una experiencia de trabajo significativa.

Averigua si debes modificar alguna área de tu trabajo

Se ha investigado mucho sobre la idea de rediseñar tu propio trabajo, en el cual tú mismo modificas ciertos aspectos de este para obtener una satisfacción y un objetivo más elevados. La investigación de Wrzesniewski y otros dos estudiosos del comportamiento organizacional, Justin Berg y Jane Dutton, ha demostrado que la gente puede ser bastante imaginativa y efectiva a la hora de rediseñar su trabajo de maneras personalmente significativas.

Por ejemplo, si estás interesado en el análisis, pero no en las ventas, ¿por qué no puedes ajustar tus responsabilidades en esa dirección? Si te encanta interactuar con los demás, pero ves que tu puesto en la empresa es más solitario, ¿por qué no buscas la manera de compartir algún proyecto? Una participante del estudio de Berg, Dutton y Wrzesniewski rediseñó su trabajo de *marketing* para que incluyera más tareas en la organización de eventos, a pesar de que esa no era su responsabilidad inicial. Hizo eso por una razón muy sencilla: era algo que le gustaba y era buena en ello. De este modo, la empresa salía ganando y ella añadía valor a su experiencia de trabajo[3].

Si te interesa, prueba con esta actividad: imagina que estás diseñando trabajos y te propones hacer una tabla comparativa en la que aparecen las tareas que realizabas «antes» —sin ilusión ni propósito— y las que querrías realizar «después» —con todas las posibilidades que estas puedan ofrecerte[4]—. ¿Qué medidas deberías tomar para rediseñar tu trabajo? A veces, ajustar un pequeño detalle puede provocar cambios significativos en tu experiencia de trabajo.

Practica aquello que te apasiona fuera del trabajo

Es posible que hayas dejado de lado una antigua afición porque continuamente te repites que no tienes tiempo. Puede ser un proyecto personal que no está relacionado con tu trabajo o una actividad paralela en la que puedes experimentar con ideas novedosas a pequeña escala. Si reservas una parte de tu tiempo para dedicarte a esta pasión, la monotonía de las ocho horas al día de trabajo puede verse modificada. Estos proyectos inspiradores pueden tener consecuencias inesperadas en el trabajo, porque te llenan de energía y te vuelven más creativo para reformular tu trabajo o recuperar la pasión por esas tareas que te gustaban[5].

Si todo lo demás falla, toma una decisión: cambia

Cuando pienses en cambiar de trabajo, tómatelo como si pretendieras cambiarte de casa. Cuando compraste tu casa, tenías ciertos requisitos en mente. Pero, desde entonces, tus prioridades pueden haber cambiado o, simplemente, se han quedado obsoletas. Entonces, ¿qué haces? ¿Te quedas quieto en el mismo lugar, la renuevas o la cambias? Pues lo mismo ocurre con el trabajo. ¿Tus prioridades y tus objetivos han cambiado? ¿Puedes dar un giro a tu trabajo o necesitas buscar otro?

Por supuesto, si decides cambiar de trabajo, debes pensar en ello y prepararte de la mejor manera posible antes de dar el gran salto: contacta con los profesionales que se dedican al campo en el que estás interesado, pon tu economía en orden y comprueba que el campo que has elegido sea compatible contigo. Hacer un cambio de tales dimensiones puede resultarte abrumador, pero es conveniente que consideres esa opción si no estás a gusto en tu actual situación laboral.

Si el interés por tu trabajo está menguando, lo más importante es que no pierdas la esperanza. Hay maneras de volver a despertar la pasión por él o de realizar pequeños cambios para que este no sea descorazonador.

ANDY MOLINSKY es profesor de Comportamiento Organizacional en la Brandeis International Business School. Es el autor de *Global Dexterity: How to Adapt Your Behavior Across*

Cultures Without Losing Yourself in the Process (Harvard Business Review Press, 2013) y *Reach: A New Strategy to Help You Step Outside Your Comfort Zone, Rise to the Challange, and Build Confidence* (Avery, 2017).

Notas

1. O'Boyle E. y Mann A. 15 de febrero de 2017. «American Workplace Changing at a Dizzying Pace», *Gallup News*.
2. Brooks K. 2012. «Job, Career, Calling: Key to Happiness and Meaning at Work?», *Psychology Today*: cort.as/-EPW2.
3. Berg, J. M., Dutton, J. E. y Wrzesniewski, A. 2007. *What Is Job Crafting and Why Does It Matter?* working paper, Center for Positive Organizational Scholarship. Ross School of Business: University of Michigan.
4. Lee, L. 2016. «Should Employees Design Their Own Jobs?», *Insights by Stanford Business*.
5. 28 de abril de 2014 «The Positive Effect of Creative Hobbies on Performance at Work», *PsyBlog*: cort.as/-EPXI.

Adaptado del contenido publicado en hbr.org
el 10 de julio de 2017 (producto #H03RL0).

3

¿No encuentras tu propósito? Créalo tú mismo

John Coleman

¿Cómo puedo encontrar mi propósito?

Desde que, hace seis años, Daniel Gulati, Oliver Segovia y yo publicamos nuestro libro *Passion and Purpose*, no he dejado de recibir preguntas —tanto de gente joven como mayor— relacionadas con el propósito. Todo el mundo anda buscando un objetivo vital. La mayoría de nosotros sentimos que nunca lo hemos encontrado, que lo hemos perdido o que, en cierta manera, estamos haciendo algo mal.

Pero, ante tanta incertidumbre, hay un foco de sufrimiento que proviene de lo que yo creo que son errores fundamentales sobre la concepción del propósito, que siempre surgen cuando me planteo la pregunta del millón: «¿Cómo puedo encontrar mi propósito?».

Hacer frente a estas concepciones erróneas puede ayudarnos a concebir una imagen más amplia y más completa de lo que significa tener un objetivo vital.

Primer error: el propósito es algo que te encuentras

Muy a menudo, en las redes sociales, encuentro una cita que se atribuye a Mark Twain: «Los dos días más importantes de tu vida son el día en que naces y el día en que descubres por qué». Esta frase es el ejemplo perfecto de lo que yo llamo «la versión hollywoodiense» del propósito. Así como Neo en *Matrix* o Rey en *La guerra de las galaxias*, andamos por la vida esperando a que el destino nos alcance y nos encomiende una misión.

Pero no nos confundamos: hasta cierto punto, eso puede ocurrir. Recientemente me reuní con Scott Harrison, fundador y CEO de una organización sin ánimo de lucro, y me contó su historia. Me explicó que, de algún modo, su vida había cambiado por completo cuando, después de pasar un tiempo desorientado y sin rumbo, descubrió un propósito superior. Pero creo que se trata de un caso más raro de lo que la gente suele pensar. Para un universitario de veinte años o para un trabajador de cuarenta aburrido de su trabajo, tener la esperanza de encontrar una varita mágica que pueda darle significado a sus vidas tiene muchas más probabilidades de acabar en un estrepitoso fracaso que en un éxito rotundo.

En realidad, para lograr un propósito profesional, debemos centrarnos en buscar un sentido a nuestro trabajo, en vez de esperar a que nos lo proporcione por sí solo. En otras palabras, el propósito es un valor que tú mismo te creas, no una misión que se te encomienda. Por lo común, puedes darle sentido a casi cualquier trabajo. Los conductores del autobús escolar cargan con una gran responsabilidad —cuidar y mantener a salvo decenas de niños—, pero, además, forman parte de la cadena de factores que permite que los niños gocen de la educación que se merecen. Las enfermeras son cruciales para el tratamiento y el cuidado médico de los pacientes, pero también por el papel que desempeñan cuando guían y se mantienen al lado de los enfermos que están pasando por uno de los momentos más complicados de su vida. O los cajeros que, cuando atienden a un cliente, pueden mostrar una actitud amistosa y compasiva —imprescindible y de gran ayuda para alguien en apuros— o arisca y prescindible. Pero en todos y cada uno de estos casos, el propósito se deriva de centrarse en lo que es significativo y útil de cada trabajo, y de realizarlo de tal manera que se vea reforzado y tome más protagonismo. Claro que hay trabajos que, por su propia naturaleza, albergan propósitos más elevados, pero en la mayoría de trabajos es necesario que nos esforcemos para encontrar el objetivo que andábamos buscando.

Segundo error: el propósito es una sola cosa

El segundo error que habitualmente escucho consiste en creer que el propósito vital se articula sobre una sola cosa. Ciertamente, hay algunas personas que parece que solo tengan un objetivo grandioso en su vida. La madre Teresa dedicó su vida entera a los pobres. Samuel Johnson exprimió todo su ser para poder plasmarlo en sus escritos. Marie Curie se dedicó en cuerpo y alma a su trabajo.

Aun así, todas esas celebridades tenían otros propósitos en su vida. La madre Teresa dedicó su vida a los necesitados como una parte de lo que ella creía que era un propósito más elevado. Marie Curie —premio Nobel de Física y de Química— también era una madre y una esposa devota —escribió una biografía de su marido, Pierre, y de una de sus hijas, que también ganó su propio premio Nobel—. O Johnson que, más allá de sus escritos, era conocido por la humanidad que mostraba por su comunidad, ayudando personalmente en el cuidado de los más necesitados.

Muchos de nosotros tenemos varios propósitos en la vida. Yo encuentro un objetivo en mis hijos, mi matrimonio, mi fe, mis escritos, mi trabajo y mi comunidad. Prácticamente nadie tiene un único propósito. Debemos buscar «propósitos», no «un solo propósito»; es decir, múltiples fuentes de motivación que puedan dar sentido a nuestro trabajo y a nuestra vida. Los compromisos profesionales tan solo son una parte de nuestra vida, y a menudo son una simple justificación para ayudar a los demás, a nuestra familia y a nuestra comunidad. Si comprendemos que existen distintos propósitos en nuestra vida, rebajaremos la presión que supone encontrar un gran propósito que le dé sentido a nuestra vida.

Tercer error: el propósito se mantiene estable con el tiempo

En la actualidad, es común que la gente realice distintas profesiones a lo largo de su vida. Por ejemplo, conozco a una persona que recientemente abandonó su exitosa carrera en el sector privado para crear una empresa emergente. A otras dos que, también recientemente, dejaron sus negocios para presentarse a un cargo electivo. Sean cuales sean nuestras preferencias profesionales, la mayoría de nosotros experimenta fases en las que nuestras motivaciones sufren cambios: la infancia, la adolescencia, la paternidad, etc.

La evolución de nuestros propósitos no es un capricho o una demostración de falta de compromiso, sino que es un proceso natural y útil. Así como nosotros podemos encontrar algún propósito en múltiples situaciones, estos pueden cambiar con el tiempo. Las motivaciones y los propósitos que tenía a los veinte años son dramáticamente distintos a los que ahora tengo, y lo mismo puedo decir de cualquier persona que conozco.

¿Cómo puedes encontrar tu propósito vital? Sin duda es una pregunta errónea. Deberíamos intentar dotar de sentido a todo lo que hacemos, para permitir que los múltiples propósitos de nuestra vida se desarrollen, y para poder estar a gusto con ellos. Descifrar lo que nosotros llamamos «propósito» nos permitirá entender mejor qué presencia tiene y qué función desempeña en nuestra vida.

JOHN COLEMAN es coautor del libro *Passion y Purpose: Stories from the Best and Brightest Young Business Leaders* (Harvard Business Review Press, 2013).

Publicado originalmente en hbr.org
el 20 de octubre de 2012 (producto #H03YZX).

4

Cómo dar sentido a un trabajo que no es tu vocación

Emily Esfahani Smith

¿Por qué tan poca gente se siente realizada con su trabajo?

Años atrás, le planteé esta misma pregunta a Amy Wrzesniewski, profesora de la Yale School of Management, y me dio una explicación que tenía todo el sentido del mundo. Me dijo: «Los estudiantes creen que su vocación se halla oculta debajo de una piedra, y creen que, si giran muchas piedras, al final aparecerá debajo de una».

Las encuestas corroboran que la vocación es el valor más preciado por los *millennials* a la hora de buscar trabajo. Además, la investigación de Amy revela que menos del 50% de la gente considera que su trabajo es su verdadera vocación. Muchos de sus estudiantes se sienten ansiosos, frustrados y completamente insatisfechos con los trabajos y las carreras que consiguen[1].

Lo que no saben o pasan por alto —como la mayoría de nosotros— es que el trabajo puede tener un sentido a pesar de que no encaje con lo que se considera que es una vocación. Las cuatro profesiones más comunes en EE. UU. son vendedor, cajero, manipulador de alimentos y oficinista: trabajos que no están asociados a ninguna vocación[2]. Pero todos ellos tienen algo en común con aquellos trabajos que se consideran vocacionales —doctor, maestro, cura, etc.—: existen para ayudar a los demás. Como ha demostrado Adam Grant, psicólogo organizacional y profesor de la Wharton School de la Universidad de Pensilvania, las personas que conciben su trabajo como una forma de ayudar a los demás consideran que su trabajo tiene un propósito más elevado[3].

Esto significa que prácticamente cualquier ocupación puede tener un sentido o un propósito importante. Al fin y al cabo, la mayoría de las empresas crean productos u ofrecen servicios para satisfacer las necesidades del mundo, y los empleados son una parte muy importante de ellas. La solución consiste en ser más consciente de la importancia que tiene el servicio que prestamos —individual y colectivamente—.

¿Cómo? Una forma para lograrlo puede ser interactuar con el consumidor final o beneficiario del servicio. En un estudio, Grant y sus compañeros se dieron cuenta de que, en un centro de llamadas para recaudar fondos para la universidad, los estudiantes que habían sido becados a lo largo de su vida académica invertían un 142% más de tiempo y recaudaban un 171% más que aquellos compañeros de trabajo que no habían conseguido ninguna beca académica. Tanto si tus clientes son internos como externos, mejorar la atención que les prestas y ayudarles en su vida o en su trabajo puede ayudarte a darle más sentido al trabajo que realizas.

Otra estrategia puede ser que, a menudo, recuerdes el objetivo general que persigues tú o tu empresa.

Hay una curiosa historia sobre un conserje de la NASA que John F. Kennedy tuvo la suerte de conocer en 1962. Cuando el presidente le preguntó que tareas realizaba, el hombre respondió: «Ayudo a llevar al hombre a la Luna». Life is Good es una marca de ropa conocida por sus camisetas coloridas y dibujos esquemáticos, pero su propósito pretende difundir el optimismo y la esperanza por todo el mundo, y eso es algo que incluso los empleados de sus almacenes llevan a cabo. En el caso de que trabajes en una auditoría, en realidad, con tu labor echas una mano a la gente o a las empresas con el molesto papeleo de los impuestos. Si eres un cocinero de una franquicia de comida rápida, ofreces comida barata y deliciosa a las familias. Cada trabajo tiene su propósito en el mundo.

Además, si el objetivo de tu empresa o sus clientes no logra inspirarte lo suficiente para que te sientas realizado, siempre puedes motivarte pensando en los beneficios que tu trabajo reporta al bienestar de la gente que amas. Fíjate en las conclusiones que salieron de un estudio realizado a las mujeres de una fábrica de cupones. Los investigadores liderados por Jochen Menges, profesor de Liderazgo y Comportamiento Organizacional en la WHU-Otto Beisheim School of Management, descubrieron que las mujeres que describían su trabajo como aburrido eran menos productivas que las que lo consideraban gratificante. Pero los investigadores fueron más allá. Se dieron cuenta de que ello cambiaba con las mujeres del grupo anterior que veían su trabajo —aunque tedioso— como una forma de mantener a sus familias: su rendimiento y su energía eran similares a las mujeres del segundo grupo, que consideraban su trabajo como gratificante. Mucha gente entiende el propósito de su trabajo de esta manera. Las labores que realizan ayudan a pagar la hipoteca y las vacaciones, o les permiten practicar su *hobby* que preferidos: como un voluntariado, la jardinería o la carpintería...

No todo el mundo encuentra su verdadera vocación. Eso no quiere decir que sean unos fracasados o que siempre tendrán un trabajo descorazonador. Si nos replanteamos nuestras actividades y las vemos como oportunidades para ayudar a los demás, cualquier ocupación puede llegar a ser significativa.

EMILY ESFAHANI SMITH es la autora de *The Power of Meaning: Crafting a Life That Matters* (Crown, 2017) y editora de la Hoover Institution de la Universidad de Stanford, donde dirige el proyecto Ben Franklin Circles en colaboración con 92nd Street y la Universidad Ciudadana para crear conciencia en las comunidades locales.

Notas

1. Esfahani Smith, E. y Aaker, J. L. 30 de noviembre de 2013. «Millennial Searchers», *New York Times*; y Wrzesniewski, A. et al. 1997. «Jobs, Careers, and Callings: People's Relations to Their Work», *Journal of Research in Personality 31*.
2. Bureau of Labor Statistics, U.S. Department of Labor, «Retail Salespersons and Cashiers Were Occupations with Highest Employment in May 2015», *The Economics Daily*, 2017.
3. Grant, A. 2013. «In the Company of Givers and Takers», *HarvardBusiness Review*.

Publicado originalmente en hbr.org
el 3 de agosto de 2012 (producto #H03T83).

5

¿No acabas de encontrar el propósito en tu trabajo?

Dan Pontefract

¿Temes ir a la oficina el lunes por la mañana? Quizá el nuevo jefe haya alterado la ecuación: ahora hay un dilema entre cómo te sentías antes y cómo te sientes ahora. Quizá otros hayan comprado la empresa y, por tanto, la cultura organizacional haya cambiado. O, quizá, tu labor se te haya quedado pequeña y estés atrapado y aburrido en tu cubículo.

He comprobado que, tanto si disfrutamos de nuestro trabajo como si no, la satisfacción en este se reduce a saber si encaja con nuestro sentido del propósito vital. El lugar donde trabajamos, el puesto que ocupamos y el sentido de nuestro propósito están sujetos a posibles cambios. Por eso, si queremos que estos tres factores encajen en un mismo espacio y tiempo, no debemos tener miedo a las transiciones o cambios; es más, deberíamos buscarlos.

Que nuestro propósito vital tenga un sentido es imprescindible para nuestro bienestar. De hecho, en un estudio longitudinal, los investigadores descubrieron que la gente cuyo propósito vital tiene un sentido tiene un 15% menos de probabilidades de padecer una muerte prematura. Encontrar un propósito en nuestro trabajo es igualmente importante, pero no basta con descubrirlo una sola vez: debes seguir buscándolo a medida que tú y las circunstancias vais cambiando.

Cuando se refiere a su trayectoria profesional, Céline Schillinger, una ejecutiva de Sanofi Pasteur, afirma: «Soy consciente de que aún no he ganado la batalla. No caeré en la autocomplacencia. Pase lo que pase seguiré siendo fiel a mí misma». Schillinger aterrizó en Sanofi Pasteur en 2001. Por aquel entonces, trabajaba en recursos humanos, en el desarrollo de producto y en la participación de los accionistas. En 2015, se mudó a Boston para centrarse en la innovación de calidad. «Me gusta definirme como una persona en construcción», me dijo. «Siempre intento enriquecer mi experiencia añadiendo pequeñas partes de allá adonde voy. Experimento con mis responsabilidades y tenso las situaciones para sacar provecho de cada nueva experiencia».

La historia de Schillinger demuestra que no es necesario abandonar tu empresa para estar comprometido. Sin embargo, a veces es necesario un cambio más radical. Fíjate en la historia de Mana Ionescu. Ella trabajó muy duro para poder ascender en la empresa estadounidense para la que trabajaba. Pero Ionescu estaba frustrada porque realizaba un trabajo muy repetitivo. La creatividad era prácticamente nula, la inspiración, inexistente. «Debe haber algo en mi trabajo que no sea tan solo sentarme aquí a ganar dinero; necesito ser importante, marcar la diferencia». Finalmente, optó por dejar ese trabajo y fundó Lightspan Digital, una compañía de *marketing* digital ubicada en Chicago especializada en redes sociales, mensajería y contenidos de *marketing*. Ionescu reconoció que, en su momento, tuvo que tomar las riendas de su vida, tanto personal como laboralmente, y que desde entonces vive y trabaja teniendo siempre un propósito con un claro sentido. Está en nuestra mano decidir cuándo dar el gran salto.

Prueba este ejercicio. Al final de tu jornada laboral, anota cuanto tiempo, aproximadamente, pasaste trabajando con una de estas tres mentalidades:

- *Mentalidad laboral*: cuando se concibe el trabajo como un intercambio económico, realizando una labor a cabio de un salario.
- *Mentalidad profesional*: esta mentalidad se da cuando alguien se centra en incrementar su salario, su poder, su equipo o su esfera de poder.
- *Mentalidad vocacional*: los rasgos distintivos de esta mentalidad implican sentirse apasionado, innovador y comprometido. Así como, también, tener una amplitud de miras más desarrollada para servir a la empresa o a las partes interesadas. Con esta mentalidad, tu

propósito profesional va de la mano de tu propósito personal.

Durante dos semanas mantén un registro de las veces que te encuentras en cada una de estas mentalidades. ¿Cuál es la más frecuente? Si la mentalidad laboral y la profesional ocupan más de un 50% del tiempo total, podría ser un indicador de que necesitas reformular o redefinir tu propósito personal.

Nadie puede tener una mentalidad vocacional durante todo el día, pero tener una mentalidad profesional o laboral demasiado tiempo es perjudicial. Eres consciente de que tu trabajo no te satisface, y esta mentalidad puede acabar dañando tu reputación, tus posibilidades de promoción o tus perspectivas a largo plazo. Si bien todos deberíamos estar centrados en nuestro crecimiento y desarrollo, prestar demasiada atención a nuestra carrera profesional o a nuestro salario puede provocar comportamientos incorrectos: acoso laboral, narcisismo o exceso de control. Antes de que ello suceda, busca una nueva ocupación en la empresa o, quizá, cambia definitivamente de trabajo para equilibrar la ecuación.

Si nunca has pensado en crear una declaración de propósitos personal, ahora es el momento. Una declaración de propósitos es una mera manifestación de cómo has decidido vivir cada uno de tus días. Debe ser breve, específica, coherente y expresiva. Debe ser estrictamente personal y debe incorporar tus fortalezas, tus intereses y tus ambiciones. Aquí está la mía: «No estamos aquí para vernos los unos a los otros; estamos para entendernos los unos con los otros» (para más información sobre una declaración de propósitos personal, dirígete al capítulo 6).

Ten en cuenta los tres tipos de propósito: personal, laboral y organizacional. Pero, atención, nunca minusvalores tu propósito personal. Según A. R. Elangovan —profesor de Comportamiento Organizacional en la Universidad de Victoria en Canadá— es un error muy común. Como él me dijo: «Se presta mucha atención al propósito laboral y organizacional porque los accionistas rinden cuentas a fin de año;

pero mi consejo es invertir el máximo esfuerzo posible en el propósito personal».

La vida es breve. Mereces trabajar en un cargo y en una empresa en la que tus habilidades y propósitos brillen. Pero no puedes dejarlo en manos de tu empresa, tu jefe o tu equipo. Definir y poner en práctica tu propósito depende exclusivamente de ti.

DAN PONTEFRACT es el autor de *The Purpose Effect: Building Meaning in Yourself, Your Role, and Your Organization* (2016) y *Flat Army: Creating a Connected and Engaged Organization* (Wiley, 2013). Es el principal responsable de la tecnología inalámbrica y de la empresa de servicios de internet TELUS.

Nota

1. Hill, P. L. y Turiano, N. A. (2014). «Purpose in Life as a Predictor of Mortality Across Adulthood», *Psychological Science 25*, n.º 7.

Publicado originalmente en hbr.org
el 20 de mayo de 2016 (producto #H02WJI).

6

Del propósito a marcar diferencias

Nick Craig y Scott A. Snook

«Los dos días más importantes de tu vida son el día en que naces y el día en que descubres por qué»

(Mark Twain)

Durante los últimos cinco años, el interés por el liderazgo orientado hacia un propósito ha sufrido un incremento significativo. Los académicos afirman rotundamente que el papel más importante que desempeña un líder en una empresa consiste en ocuparse del propósito de esta. Los expertos en negocios aseguran que ese propósito es la clave para lograr un rendimiento excepcional, mientras que los psicólogos lo describen como el camino que lleva a la felicidad.

Incluso hay estudios médicos que afirman que la gente que tiene un propósito en la vida es menos propensa a padecer enfermedades. Cada vez más, el propósito se está convirtiendo en una guía indispensable para navegar entre el complejo, volátil y ambiguo mundo que nos rodea, donde las estrategias no dejan de cambiar y pocas decisiones son indiscutiblemente buenas o malas.

A pesar de este primer contacto académico y su posterior desarrollo, todavía quedan retos por descubrir. Durante nuestra labor entrenando a miles de líderes de empresas muy diversas —desde GE hasta las Girl Scouts— y enseñando a otros tantos estudiantes y ejecutivos en la Harvard Business School, hemos comprobado que menos del 20% de los líderes tienen un propósito personal propio. Eso no es todo. Además, tan solo una pequeña parte de ellos es capaz de transmitirlo claramente con una idea concreta. En cambio, no tienen ningún problema para articular perfectamente el objetivo de sus empresas. Por ejemplo, el de Google: «organizar la información global y hacerla útil y accesible a todo el mundo». O el de Charles Schwab: «un implacable aliado para la inversión individual». Pero, cuando se les pide que describan su propio propósito, tienden a generalizar o a exponer conceptos ambiguos: «ayudar a que los demás triunfen», «asegurar el éxito» o «empoderar a mi gente». Además, prácticamente ninguno de ellos tiene un plan factible para transformar ese propósito en alguna acción. En consecuencia, ven limitadas sus aspiraciones y, habitualmente, fracasan en la consecución de sus ambiciones profesionales y sus objetivos personales.

Nuestro propósito intenta revertir la situación; pretende ayudar a que los ejecutivos encuentren, y definan, su propósito de liderazgo para que puedan realizarlo con acciones concretas. Inicialmente —basándonos en los trabajos de nuestro compañero Bill George—, nuestros programas cubrían una amplia variedad de temas relacionados con el liderazgo auténtico, pero recientemente el *propósito* se ha erguido como la piedra angular de nuestra enseñanza y mentoría. Los ejecutivos no dejan de preguntar cuál es la clave para acelerar su crecimiento e influencia, tanto en su vida profesional como en la personal. De hecho, creemos que el proceso de articular tu propósito y encontrar el coraje necesario para alcanzarlo —lo que nosotros llamamos el *propósito efectivo*— es la principal tarea que debes desarrollar para emprender tu camino hacia el liderazgo.

Fíjate en el caso de Dolf van den Brink, presidente y CEO de Heineken en Estados Unidos. Cuando trabajamos con él, nos comunicó una declaración de propósitos decididamente única: «Ser el *wuxia* que salva el reino». Al recurrir a palabra *wuxia*, Dolf reflejaba su pasión por las películas chinas de kung-fu, y la sabiduría y la destreza que le inspiraban esos héroes de las artes marciales cuando se enfrentaban a situaciones que les exigían alguna acción. Con ese ímpetu pudo crear un plan exitoso para reflotar un negocio, superando unas condiciones económicas extremadamente adversas. También tuvimos la oportunidad de escuchar la nueva declaración de propósitos de un minorista: —«Obligados a trabajar mejor para quien sea, donde sea, cuando sea»— que debía realizar algunos cambios para hacer frente a otro competidor global. O, por otro lado, la declaración de propósitos que usó el director de una fábrica en Egipto—«Cread familias que sobresalgan»— para persuadir a sus empleados de que honraran el movimiento de protesta de 2012 manteniéndose fieles al trabajo compartido, en vez de unirse a las manifestaciones urbanas.

Hemos visto resultados similares fuera del mundo corporativo. Kathi Snook es una coronel del ejército retirada que estuvo luchando para reincorporarse al mundo laboral después de pasar algunos años criando a sus hijos en casa. Pero, después de centrarse en su declaración de propósitos —«Ayudar a los demás desde un segundo plano es mi fortaleza para lograr el éxito»—, decidió presentarse a una vacante muy disputada del consejo escolar; la ganó.

Estos son los distintos tipos de estrategias que aplicamos en las empresas con las que trabajamos.

Unilever es una compañía que está totalmente comprometida con la idea del liderazgo orientado hacia el propósito. Jonathan Donner, el responsable del aprendizaje, ha sido un socio determinante para poder refinar nuestra labor. Trabajando junto a su compañía y otras muchas empresas, hemos ayudado a más de 1.000 líderes en el proceso de usar los propósitos con impacto; además, en estos dos o tres últimos años, hemos empezado a monitorizar y revisar los progresos de cada uno de ellos. Muchos han logrado resultados excelentes, desde prestigiosas promociones hasta mejoras sostenidas en los resultados comerciales. Pero lo más importante es que la mayoría nos ha comunicado que han desarrollado nuevas habilidades para afrontar las situaciones más adversas.

En este capítulo, compartiremos nuestro método de trabajo paso a paso para que puedas seguir su mismo camino. Te explicaremos cómo encontrar tu propósito y la forma de desarrollarlo para que puedas marcar la diferencia y lograr resultados concretos.

¿Qué es un propósito?

«La mayoría de nosotros llegamos a la tumba con nuestra música todavía dentro de nosotros, sin tocar»

(Oliver Wendell Holmes)

El propósito de tu liderazgo es lo que te define y te hace único. Tanto si acabas de empezar en una empresa emergente como si eres el CEO de una de las empresas destacadas en la revista *Fortune 500*, tu propósito es lo que define tu marca, la meta que pretendes alcanzar, la magia que te empuja hacia adelante. En realidad, no se trata de lo que haces, sino de cómo lo haces y por qué —los anhelos y las pasiones que te llevan a formar parte de las mesas de negociaciones que hagan falta—. Aunque puedas expresar tu propósito de muchas formas diferentes, tu propósito es lo que la gente más cercana es capaz de reconocerte como único, y lo que probablemente echarían de menos si desapareciera.

Cuando Kathi Snook compartió su declaración de propósitos con su familia y sus amigos, la respuesta fue instantánea y apabullante: «¡Sí! Esta eres tú. Siempre ayudas a los demás». En cada puesto que ocupaba y en cualquier situación —como capitana del equipo de gimnasia del ejército, profesora de Matemáticas en West Point o en su dedicación a la familia y los amigos—, siempre se movía en un segundo plano, actuaba como un potente catalizador para que los demás alcanzaran el éxito. A través de esta nueva mirada, era capaz de reconocerse a sí misma y ver un futuro más definido. Cuando Dolf van den Brink expuso su nuevo propósito a su mujer, esta enseguida reconoció al «maestro *wuxia*» que había liderado a sus empleados entre la confusión que crearon los preocupantes disturbios en el Congo y que, ahora, se disponía a hacer lo mismo para afrontar los desafíos de Heineken en Estados Unidos.

En esencia, tu propósito de liderazgo brota de tu personalidad, de tu alma. Los propósitos no son una lista de conceptos que has adquirido con la educación o las experiencias de tu vida. Fíjate en el ejemplo de Scott: El hecho de que sea un coronel del ejército retirado con un MBA y un doctorado no es ningún propósito. Su propósito es «ayudar a que los demás den más sentido a sus vidas». Un propósito no es un título académico o un cargo profesional. El de Nick no es «dirigir el Authentic Leadership Institute»; eso es su trabajo. Su propósito es «abrirte los ojos para que te sientas como en casa». En eso lleva desde que era un adolescente y, si por casualidad tienes la oportunidad de sentarte a su lado en algún puente aéreo de Boston a Nueva York, sin duda, intentará abrirte los ojos —metafóricamente—. Siempre ayuda a los demás antes que a sí mismo.

En definitiva, los propósitos no son un cúmulo de frases trilladas —«Empoderar a mi equipo para que logre unos resultados empresariales extraordinarios y fascine a los clientes»—. Deberían ser específicos y personales, en resonancia contigo; solo contigo. No tienen por qué ser una causa justa o inspiradora —«salvar a las ballenas» o «adoptar a un niño»—; y no son lo que tú crees que deberían ser. Son lo que tú eres a pesar de todo. Incluso algo que no sea halagador: «Soy el azote que mantiene a la gente activa».

¿Cómo encontrar un propósito?

«No ser nadie más sino tú mismo, en un mundo que está haciendo todo lo posible, día y noche, para hacer que tú seas alguien distinto, significa luchar la más dura batalla que cualquier ser humano pueda afrontar y nunca dejar de luchar».

(E. E. Cummings)

Encontrar el propósito de tu liderazgo es precisamente el motivo por el cual vivimos. Tal y como sugiere E. E. Cummings, el mundo nos bombardea constantemente con poderosos mensajes —padres, jefes, gurús, anuncios, celebridades, etc.— sobre qué deberíamos ser —más listos, más fuertes, más ricos— y cómo deberíamos liderar —empoderar a los demás, liderar desde un segundo plano, ser auténtico, repartir el poder—. Descubrir quién eres realmente, por no hablar de «ser tú mismo», es un trabajo muy duro. Sin embargo, nuestra experiencia nos confirma que, una vez qué tienes claro quién eres, todo lo demás fluye de forma natural.

Algunas personas afrontarán el viaje para encontrar sus propósitos con una inclinación natural hacia la introspección y la reflexión. Otras sentirán que la experiencia es incómoda y les causa ansiedad. Y algunas suspirarán. Hemos trabajado con toda clase de líderes y podemos asegurarte que hasta los más escépticos encontraron muy valiosa la experiencia, tanto profesional como personalmente. Una vez, cuando colaboramos con una multinacional, nos encontramos con un abogado experimentado que se definía como «la persona que, probablemente, sacaría menos provecho de nuestra ayuda». Sin embargo, más tarde se convirtió en un adepto a nuestro programa y recomendó a todos sus amigos y conocidos que lo probaran. A su equipo de trabajo les dijo: «Nunca he leído un libro de autoayuda, y no tengo planeado hacerlo. Pero, si queréis llegar a ser unos líderes excepcionales, debéis saber cuál es el propósito de vuestro liderazgo». La clave para implicar tanto a escépticos como a soñadores consiste en crear un proceso que deje el espacio suficiente para expresar la individualidad, pero que también tenga una práctica guía que pueda seguirse paso a paso.

El primer paso consiste en encontrar los temas comunes y esenciales de la historia de tu vida. Se trata de identificar tu núcleo, tus virtudes, tus valores y tus pasiones —esas actividades que te proporcionan energía y te dan la felicidad—. Existen muchas formas de hacerlo, pero creemos que estas tres son las más eficientes:

- ¿Qué te gustaba hacer cuando eras un niño, antes de que el mundo te dijera lo qué deberías o no deberías ser? Describe uno de esos momentos y cómo te sentías.

- Cuéntanos tus dos experiencias vitales más exigentes. ¿Cómo te afectaron?
- Actualmente, ¿qué diversión te permitiría relajarte tanto que te ayudaría a cantar una canción?

Recomendamos firmemente razonar en grupo o en parejas estas cuestiones, porque sabemos por experiencia que es casi imposible encontrar el propósito de tu liderazgo por cuenta propia. No puedes obtener una imagen contrastada de ti mismo sin la opinión sincera de tus compañeros o amigos.

Una vez hayas terminado esta labor reflexiva, intenta construir una declaración de intenciones clara y concisa: «El propósito de mi liderazgo es__________________». Las palabras que aparezcan en tu escrito deben ser solamente tuyas. Deben capturar tu esencia. Deben empujarte a actuar.

Para darte una idea de cómo funciona el proceso, echa un vistazo a las experiencias de estos ejecutivos. Cuando le pedimos a una directora general que nos contara los momentos más apasionantes de su infancia, se refirió a las agradables y excitantes *expediciones* que realizaba en Escocia cuando aún era una niña. Un día, decidió salir con un amigo en busca de ranas. Se pasaron el día entero levantando todas las piedras que encontraban y paseando de charco en charco sin hallar una sola. Pero antes del anochecer, al fin, encontraron una. Fue un éxito rotundo. El propósito que más tarde anotó —«¡Encontrar ranas siempre!»— es perfecto para su actual puesto de trabajo como vicepresidenta de I+D de su empresa.

Otra ejecutiva, por ejemplo, utilizó dos experiencias vitales para construir su propósito. La primera era personal: años atrás se divorció, y se vio tirada en la calle con dos hijos a su cargo, pero gracias a su ingenio pudo sacar adelante la situación y volver sobre sus pasos. La segunda fue profesional: durante la crisis económica de 2008, tuvo que supervisar los recortes de personal de su compañía en Asia y cerrar la sede central en la región. A pesar de la desolación que reinaba en el ambiente, fue capaz de ayudar a que cada uno de los empleados encontrara otro trabajo antes de cerrar definitivamente la empresa. Después analizar estas dos situaciones con su equipo, cambió la declaración de su propósito de «desarrollar y facilitar sistemáticamente el crecimiento y desarrollo personal de todos —mío y de mis compañeros— para obtener un gran rendimiento» al de «usar la tenacidad para alcanzar la excelencia».

Por otro lado, Dolf no solo encontró el propósito en los «maestros *wuxia*» cuando depuró sus preferencias cinematográficas, sino que también tuvo un papel determinante la extraordinaria experiencia que vivió en el Congo, cuando los milicianos locales amenazaron con asaltar la cervecería que él dirigía y tuvo que ordenar que levantasen barricadas para proteger a los empleados y evitar el saqueo. El director egipcio de la fábrica basó su propósito en la familia porque sus experiencias vitales le decían que el apoyo y amor familiar eran esenciales para afrontar cualquier desafío. En cambio, el minorista, después de darse cuenta de que sus mejores éxitos siempre habían llegado cuando había salido de su zona de confort, optó por usar el lema de «obligado a mejorar».

Una vez examines tus historias, verás en ellas un vínculo que las relaciona. Reconócelo y descubrirás tu propósito (la siguiente tabla «Declaración de propósitos» ofrece la evolución de los distintos propósitos).

Declaración de propósitos

PROPÓSITO INICIAL	PROPÓSITO CLARO
Liderar el departamento de desarrollo para lograr un rendimiento excepcional.	Eliminar el desorden.
Ser el líder que crea las infraestructuras necesarias para que la gente cubra sus necesidades, al mismo tiempo que superviso a los nuevos líderes de nuestro sector y compagino las demandas de mi familia con mi trabajo.	Llevar agua y energía a 2.000 millones de personas.
Desarrollar y facilitar sistemáticamente el crecimiento y desarrollo personal de todos —mío y de mis compañeros— para obtener un gran rendimiento.	Ser muy tenaz hasta alcanzar la excelencia.

¿Cómo poner en práctica tu propósito?

«Esta es la verdadera alegría de la vida, el ser utilizado para un propósito que tú mismo reconoces como poderoso».

(George Bernard Shaw)

Esclarecer tu propósito como líder es determinante, pero no basta con escribir una sola declaración de propósitos para alcanzar tus objetivos. Además, debes visualizar qué consecuencias tendrá en tu entorno ser fiel a tu propósito. Tus acciones —no tus palabras— son lo que realmente importa. A cualquier persona le resulta imposible vivir el 100% de su tiempo luchando por su propósito. Pero con trabajo y una planificación adecuada le podemos dedicar más tiempo a este, más conscientemente, con más entusiasmo y efectividad.

Nuestros programas se diferencian en varios aspectos de los métodos tradicionales. Empiezan con una declaración de propósitos de liderazgo, en vez de buscar un objetivo de negocios o profesional. Tienen un punto de vista holístico de tu situación personal y profesional, en vez de ignorar los asuntos familiares o tus compromisos e intereses externos. Utilizan un lenguaje significativo y personal para que te inspire únicamente a ti, no a cualquier persona que ocupe tu mismo puesto de trabajo. Te ayudan a visualizar el proyecto que te permitirá lograr tu propósito a largo plazo —de tres a cinco años—, y luego te ayudan a desglosarlo para poder cumplir los objetivos específicos que llevan a su consecución paso a paso.

Cuando los ejecutivos abordan el desarrollo de su proyecto de esta manera, sus aspiraciones se ven incentivadas. Se sienten más enérgicos y dinámicos con sus funciones actuales. La declaración de propósitos de Dolf fue determinante para que aceptara su nuevo trabajo en Heineken y se presentara ante su nuevo equipo con cuatro lemas: «Sé valiente», «Decide y actúa», «Caza en manada» y «Tómatelo como algo personal». Cuando Jostein Solheim —ejecutivo de

Desarrollo de nuestro programa (Propósitos con impacto) frente al desarrollo tradicional de otros programas

PROPÓSITOS CON IMPACTO	PROGRAMAS TRADICIONALES
Usa un lenguaje significativo y personal.	Usan un lenguaje de negocios estándar.
Se centra en las virtudes para alcanzar las aspiraciones profesionales.	Se centran en las debilidades para mejorar el rendimiento.
Te proporciona una declaración de propósitos que determinará tu liderazgo.	Te proporcionan una declaración de objetivos profesionales.
Establece metas variables que se verán incrementadas con la vivencia de tu propósito de liderazgo.	Miden el éxito utilizando fórmulas relacionadas con las metas y los objetivos de la empresa.
Se centra en el futuro para poder trabajar su desarrollo.	Se centran en el presente.
Es único para ti; se dirige a la persona que eres como líder.	Son genéricos; se dirigen a un tipo de trabajo o rol.
Tiene un punto de vista holístico de tu situación laboral y familiar.	Ignoran las responsabilidades y las metas que tienes fuera de la oficina

Unilever— creó un plan de desarrollo alrededor de su propósito —«formar parte de un movimiento global que haga que cambiar el mundo parezca divertido y sea posible»—, se dio cuenta de que, en realidad, prefería ser CEO de Ben & Jerry, en vez de ascender de posición en su empresa.

Para comprenderlo con más detalle, veamos el desarrollo de un hipotético plan de «Propósitos con impacto», que representa una combinación de los planes de distintas personas con las que hemos trabajado. «Richard» supo cuál era su propósito después de verse obligado a hablar de la pasión que había sentido durante toda su vida por la navegación; de repente, encontró un conjunto de experiencias y un tipo de lenguaje que podían redefinir el rol que desempeñaba en el departamento de compras de su empresa.

En primer lugar, el plan de desarrollo de Richard empieza con la declaración de propósitos que hizo: «Aprovechar todos los elementos para ganar la carrera». En segundo lugar, debe explicar los motivos por los que eligió ese propósito: las investigaciones demuestran que saber qué elementos nos motivan incrementa drásticamente nuestra habilidad para lograr nuestros objetivos.

En tercer lugar, Richard planifica los objetivos a largo plazo —de tres a cinco años— usando el lenguaje de su declaración de propósitos. Entendemos que este es un buen marco temporal para poder manejarnos; dar el margen de unos años es ideal para que incluso el director más desesperanzado recupere la ilusión y pueda verse, entonces, cumpliendo sus propósitos. Pero ese margen tampoco es tan amplio como para que uno se pueda relajar. Un objetivo hipotético puede ser conseguir un cargo importante en la empresa —en el caso de Richard, ser el encargado de las compras globales—, pero con eso no basta. Debes centrarte en cómo lo conseguirás, en qué tipo de líder quieres llegar a ser.

Así pues, en cuarto lugar, Richard elige un marco temporal de dos años. Es en ese momento cuando la realidad actual y el futuro prometedor empiezan a fusionarse. ¿Qué responsabilidades nuevas adquirirá?

UN PLAN PARA LOS «PROPÓSITOS CON IMPACTO»

Este ejemplo muestra cómo Richard usa su propósito de liderazgo para proyectar una imagen panorámica de sus aspiraciones y trabaja retrospectivamente, paso a paso, para marcarse los objetivos específicos.

1. Crear una declaración de propósitos:

Aprovechar todos los elementos para ganar la carrera.

2. Explicar los motivos

Me encanta navegar. Durante mi infancia y juventud competía en carreras de alto rendimiento con esquifes de tres plazas y casi llegué a las Olimpiadas. En la actualidad, navegar es mi pasión —un desafío que requiere de disciplina, equilibrio y coordinación—. Nunca puedes prever cómo se comportará el viento; al fin y al cabo, solo puedes ganar la carrera si confías totalmente en las capacidades combinadas de tu equipo, la intuición y la corriente. Todo depende de lo bueno que seas interpretando los elementos.

3. Elige objetivos dentro de un marco temporal de tres a cinco años

Ser conocido por entrenar a las mejores tripulaciones y ganar las grandes carreras: Asumir un papel de aprovisionamiento global, y usar la oportunidad de situar a mi organización por delante de la competencia.

¿Cómo lo voy a hacer?

- Logra que todo el mundo se sienta parte del mismo equipo.
- Sé el primero en advertir las ráfagas de viento y navega en condiciones imprevisibles.
- Mantén la calma cuando perdáis carreras individuales; aprende y prepárate para las siguientes.

Homenajear al equipo de tierra: Estar seguro de que la familia tiene algún valor o mecanismo para mantenerse unida.

(*continúa*)

UN PLAN PARA LOS «PROPÓSITOS CON IMPACTO»

4. Elige objetivos dentro de un marco temporal de dos años

Ganar una medalla de oro: Aplicar un nuevo modelo de adquisiciones y redefinir nuestra relación con los suministradores para lograr un 10% de ahorro para la empresa.

Enfréntate a un desafío de mayor importancia: Ocupar algún cargo europeo de importancia con más responsabilidades.

¿Cómo lo voy a hacer?

- Anticípate y luego enfréntate a los retos más difíciles.
- Insiste en la innovación, en vez de elegir soluciones pragmáticas y rigurosas.
- Reúne y entrena a la tripulación ganadora.

Desarrollar mi equipo de tierra: Enseña a tus hijos a navegar.

5. Elige objetivos dentro de un marco temporal de un año

Enfocarte para ganar una medalla de oro: Empieza a desarrollar Sympix, un nuevo proceso de adquisiciones.

Ganar carreras menores: Entrega el proyecto Sympix antes de la fecha de entrega.

Construir un barco apto para navegar: Mantén los procesos de adquisición dentro de las previsiones de costes y eficacia.

¿Cómo lo voy a hacer?

- Acelera la reconfiguración del equipo.
- Consigue apoyos de la dirección para el nuevo enfoque en las adquisiciones.

Invertir tiempo en mi equipo de tierra: Tomarnos unas vacaciones de dos semanas sin atender al correo electrónico.

(*continúa*)

UN PLAN PARA LOS «PROPÓSITOS CON IMPACTO»

6. Planea los siguientes pasos cruciales

Reunir la tripulación definitiva: Finaliza las contrataciones importantes.

Marcar el nuevo rumbo: Sienta las bases de tu nuevo modelo de adquisiciones.

¿Cómo lo voy a hacer?

Seis meses:

- Finaliza los planes de sucesión.
- Fija los plazos para poner en marcha Sympix.

Tres meses:

- Busca un reemplazo de nivel mundial para Jim.
- Programa en tu calendario «espacios de acción» donde no puedas consultar los correos electrónicos.

30 días:

- Lleva a Alex a Shanghái.

- Acuerda las medidas de TFLS.
- Lleva a cabo una reunión para tu proyecto fuera de la oficina.

Reconectar con mi equipo de tierra: Pasar más tiempo de calidad con Jill y los chicos.

7. Analizar las relaciones clave

Sara, directora de recursos humanos.
Jill, la directora de mi equipo de tierra.

¿Qué se debe hacer para estar preparado a largo plazo? Recuerda que también debes ocuparte de tu vida personal y que deberás guiarte por tus propósitos en todos los ámbitos de tu vida. Los propósitos de Richard mencionan explícitamente a su familia, a su «equipo en tierra».

Normalmente, el quinto paso —establecer los objetivos a un año vista— es el más exigente. Mucha gente suele decir: ¿Qué ocurre si la mayoría de las labores que llevo a cabo en la actualidad no están alienadas de ninguna manera con mis propósitos? ¿Cómo puedo hacerlo? Hemos encontrado dos soluciones a este problema. En primer lugar, piensa si puedes reescribir la narrativa de ciertas partes de tu trabajo, o cambiar la forma en la que haces algunas tareas para que puedan ser parte de tu propósito. Por ejemplo, para Richard, el concepto de «un barco apto para navegar» le permite dar sentido a la dirección básica de los procesos de adquisición. En segundo lugar, considera si es posible añadir una actividad que vaya coordinada al 100% con tu propósito. Hemos comprobado que la mayoría de la gente puede dedicar un 5% o un 10% de su tiempo para hacer algo que le recargue las pilas y que permita que los demás vean sus fortalezas. Sigue el ejemplo de Richard, que pretende contribuir al esfuerzo estratégico global de adquisiciones: no es una parte de su trabajo diario, pero le permite estar más involucrado con el propósito de su proyecto.

Ahora llegamos al sexto paso, el más determinante, el más esencial. ¿Cuáles serán los pasos que deberías dar en los próximos intervalos temporales —el de seis meses, el de tres meses y el de treinta días— para lograr los objetivos que te has propuesto cumplir en un año? La importancia de las pequeñas victorias está muy bien documentada en prácticamente todos los manuales relacionados con la iniciativa y la innovación. Cuando especifiques los detalles de tus próximos pasos, no escribas todos los requerimientos de tu trabajo. Únicamente apunta las actividades o los resultados que son más significativos para tus nuevos propósitos de liderazgo. Te darás cuenta de que un buen número de tareas que antes realizabas van perdiendo urgencia o importancia, mientras va aumentando la prioridad de otras.

Finalmente, para sacar adelante tu proyecto es necesario que analices las relaciones más significativas para conseguir ese objetivo. Identifica a dos o tres personas que puedan ayudarte en tu propósito de liderazgo. Para Richard son Sara, directora de recursos humanos —le ayudará a contratar los miembros de su nuevo equipo— y Jill, la directora de su «equipo de tierra».

Habitualmente, muchos ejecutivos nos comentan que los planes de su «Propósito con impacto» les ayudan a centrarse en sus objetivos a corto y largo plazo, les inspiran coraje, compromiso y determinación. Cuando se sienten frustrados o agotados, sacan a relucir sus planes para no olvidar los objetivos que tienen para poder alcanzar el éxito. Después de crear su plan, el minorista que hizo frente a la crisis de competencia afirmó que nunca más «se escondería a la hora de afrontar situaciones difíciles». Dolf van den Brink dijo: «Tengo mucho más claro dónde puedo aportar algo y dónde no. Conozco perfectamente los cargos a los que puedo aspirar y puedo tomar las decisiones que sean necesarias». ¿Cuál es el secreto para crear las mejores empresas y los mejores líderes? Cada uno de ellos opera desde un conjunto de suposiciones ligeramente distinto sobre el mundo, su industria y lo que se puede o no hacer. Esa perspectiva individual les permite dar un gran valor a las cosas que hacen para que tengan un impacto significativo. Todos ellos funcionan con un propósito de liderazgo único y personal. Para ser un líder realmente efectivo, debes hacer lo mismo. Clarifica tu propósito y ponlo en marcha.

NICK CRAIG es el presidente del Authentic Leadership Institute. SCOTT A. SNOOK es profesor asociado de comportamiento organizacional en la Harvard Business School. Sirvió en el cuerpo de ingenieros del ejército de Estados Unidos durante veintidós años.

Publicado originalmente en *Harvard Business Review*
en mayo de 2014 (producto #R1405H).

7

Cinco preguntas para ayudar a tus empleados a que encuentren su propósito interior

Kristi Hedges

¿Cómo puedes ayudar a tus empleados a que encuentren su propósito en el trabajo?

Las compañías invierten una considerable cantidad de recursos en los valores de la empresa y en las declaraciones de objetivos, pero por muy inspiradores que estos sean —desde el compromiso de Volvo con la seguridad hasta el deseo de Facebook de conectar las personas entre sí—, a menudo se desdibujan con el ajetreo diario de las oficinas.

Lo que realmente necesitan los empleados para estar comprometidos y satisfechos con sus trabajos es un sentido del propósito propio. Como demostró un estudio realizado por Deloitte en 2016, la gente es fiel a las compañías que respaldan su carrera profesional y sus aspiraciones personales; en otras palabras, lo que es realmente importante para ellos[1].

Además, a pesar de que la investigación se centraba en los *millennials*, durante la década que llevo dedicándome a enseñar y ayudar a ejecutivos experimentados, me he dado cuenta de que es una actitud común en todas las generaciones. No importa cuál sea el nivel, la industria o la carrera, todos necesitamos encontrar un sentido personal en lo que hacemos.

Los líderes pueden fomentar este propósito personal —lo que de verdad importa en la carrera profesional o la vida de cada empleado— con una simple conversación. Una técnica para lograrlo es la teoría de la identificación de la acción, la cual propone que existen muchos niveles descriptivos para cada acción[2]. Por ejemplo, en este preciso instante estoy escribiendo este artículo. En un nivel inferior, me limito a teclear palabras en mi ordenador. En un nivel superior, estoy ayudando a crear mejores líderes. Cuando los líderes hacen progresar a sus empleados, pueden ayudarles a encontrar un propósito incluso en las tareas más mundanas.

Los controles regulares que se centran en cinco áreas de investigación son otra manera de ayudar a los empleados a explorar y expresar su propósito interno. Los líderes pueden preguntar:

> *¿Qué labores se te dan bien?* ¿Qué tipo de actividades te requieren un menor esfuerzo? ¿Qué te hace pensar que eres la persona mejor indicada para hacerlo? ¿Qué has aprendido a lo largo de tu carrera? En este caso, la idea consiste en intentar que la persona en cuestión identifique sus virtudes y vea las posibilidades que estas le proporcionan.
>
> *¿Qué te gusta?* En el trabajo, ¿cuál es la tarea que más te gusta realizar? ¿Qué tareas te dan energía cuando las ves anotadas en el calendario? Si pudieras diseñar tu trabajo sin ningún tipo de limitación, ¿en qué invertirías tu tiempo? Estas preguntas ayudan a encontrar y redescubrir lo que a cada uno le gusta de su trabajo.

¿Qué crees que es lo más útil de tu trabajo? ¿Qué resultados laborales te producen más satisfacción? ¿Qué tares realizas que sean imprescindibles para tu equipo? ¿Cuáles son las prioridades de tu vida y cómo encaja tu trabajo en ellas? Esta línea de investigación destaca el valor inherente de ciertos trabajos.

¿Qué es lo que crea una sensación de impulso hacia adelante? ¿Qué estás aprendiendo para usar en el futuro? ¿Qué es lo siguiente que te imaginas para ti? ¿De qué forma tu trabajo de hoy te acerca más a lo que quieres para ti mismo? La meta aquí es mostrar cómo el trabajo de hoy ayuda al individuo a avanzar hacia metas futuras.

¿Cómo te relacionas con los demás? ¿Qué compañeros de trabajo son los mejores para ti? ¿Cómo trabajarías en una oficina con tu gente preferida? ¿Cómo afecta el trabajo a tu familia y tus amistades? Estas preguntas animan a que la gente se plantee qué relaciones enriquecen su trabajo más y a que las fomenten.

No es fácil ayudar a que los demás encuentren sus propósitos, pero estas estrategias pueden ser realmente útiles.

KRISTI HEDGES es una experimentada profesora de Liderazgo especializada en las comunicaciones ejecutivas. Es la autora de los libros *The Inspiration Code: How the Best Leaders Energize People Every Day* (AMACOM, 2017) y *The Power of Presence: Unlock Your Potential to Influence and Engage Others* (AMACOM, 2011). Es la presidenta de Hedges Company y forma parte del profesorado en el Instituto para la Transformación de la Universidad de Georgetown.

Notas

1. Deloitte. 2016. «2016 Deloitte Millennial Survey: Winning Over the Next Generation of Leaders»: cort.as/-EUuV.
2. Vallacher, R. R. y Wegner, D. M. 1985. *A Theory of Action Identification.* Hillsdale, NJ: Lawrence Erlbaum Associates.

Publicado originalmente en hbr.org
el 17 de agosto de 2017 (producto #H03U96).

8

Qué hacer para que el trabajo de tu equipo sea más significativo

Lewis Garrad y Tomas Chamorro-Premuzic

Todos conocemos la curiosa anécdota que ocurrió cuando John F. Kennedy visitó la NASA. Nada más entrar, cuando le preguntó al conserje qué labores realizaba, este le respondió: «Ayudo a llevar al hombre a la Luna». A menudo, se usa esta anécdota para mostrar que incluso el trabajo más mundano puede albergar un propósito extraordinario.

En la actualidad, cada vez son más los empleados que exigen algo más que un buen salario para su trabajo. En ciertos casos, el dinero puede ser un motivo para elegir un trabajo, pero el propósito, el sentido y las perspectivas de este acabarán por determinar la permanencia y el compromiso de cualquier trabajador. Encontrar un sentido al trabajo ha resultado ser tan importante que incluso existen clasificaciones para valorar los trabajos que ofrecen un mayor significado[1]. Aunque muchos factores determinan lo atractivo que pueda llegar a ser un puesto de trabajo, los que contribuyen a mejorar la vida de los demás —cómo el trabajo sanitario o el social— se encuentran situados en la cabeza de la clasificación. Curiosamente, los estudios analíticos indican que solo existe una asociación marginal entre el salario y la satisfacción en el trabajo[2]. Con esta premisa, un abogado que cobra 150.000 dólares al año no es más feliz que un diseñador autónomo que cobra 35.000 dólares.

Los estudios demuestran sistemáticamente que la gente que ve que su trabajo tiene un sentido disfruta de mayor salud y bienestar, y tienen un sentido del compromiso y del trabajo en equipo mucho más consistente. Además, se recuperan mucho más rápido de los contratiempos y son más propensos a ver los errores como una oportunidad y no como un fracaso. En otras palabras, la gente que encuentra un significado a su trabajo tiene muchas más posibilidades de crecer y prosperar. Por este motivo, los negocios con un sentido del propósito fuerte y específico acostumbran a rendir mucho mejor económicamente. Como no podría ser de otra forma, las compañías más exitosas del mundo también son los mejores sitios para trabajar[3].

En las últimas décadas, un gran número de investigaciones ha demostrado que los líderes desempeñan un papel determinante para que los empleados comprendan la importancia del trabajo que realizan. Además, las características de liderazgo que permiten en las empresas una cultura con sentido y propósito son un reflejo de la personalidad de un líder, que ha demostrado tener un fuerte impacto en la mentalidad y el rendimiento del equipo o de la compañía entera[4].

En concreto, las investigaciones sugieren que existen cuatro características clave de la personalidad que determinan la habilidad que tiene un líder para hacer que sus empleados encuentren sentido a su trabajo:

Son curiosos e inquisitivos. Los estudios demuestran que la gente considera que su trabajo tiene sentido cuando siente que está contribuyendo a crear algo nuevo, especialmente si se le permite explorar, conectar con algo o marcar la diferencia[5]. Los líderes curiosos ayudan a los demás a encontrar un significado en sus trabajos: investigan, preguntan e involucran a la gente en los proyectos. En cierto sentido, estos líderes permiten que sus empleados encuentren un sentido en el trabajo, pues les ofrecen un amplio abanico de posibilidades para llevarlo a cabo, en clara oposición a los líderes estrictos y controladores. Los líderes curiosos también detestan la monotonía y son más propensos a aburrirse, por eso siempre están abiertos a que la gente les presente nuevas ideas para poder sentirse realizados.

Son exigentes e implacables. Uno de los grandes problemas que las empresas deben resolver es la apatía y el anquilosamiento que siguen —o incluso anticipan— al éxito. Los estudios demuestran que la gente optimista que cree que todo saldrá bien no se esfuerza tanto como la gente que espera encontrar dificultades o incluso fracasos[6]. Los líderes que conservan intacta su ambición ante el éxito o el fracaso, y que impiden que su equipo se acomode con los logros conseguidos, infunden un sentido del propósito más profundo en sus equipos u organizaciones. En consecuencia, sus empleados se ven motivados a progresar y obtienen una experiencia más significativa y positiva.

Contratan según la cultura y los valores. Las investigaciones afirman que la gente solo encuentra valiosa una experiencia si está acorde con sus necesidades más íntimas. Esta es la razón por la que es tan importante que los valores personales y la cultura de una empresa encajen, para que la unión pueda alcanzar su máximo potencial. De hecho, es mejor que no contrates buscando a los mejores trabajadores, sino que lo hagas buscando a aquellos que encajan a la perfección con los valores de tu organización. Los valores funcionan como una brújula interna o una lente mediante la cual podemos darle un sentido concreto al mundo. Los líderes que prestan atención a los valores de los demás tendrán más posibilidades de contratar a empleados que encajen y conecten mejor con sus compañeros y con la organización[7].

Son capaces de confiar en los demás. La mayoría de las personas aborrece la supervisión excesiva. Los jefes que sobrepasan los límites y ejercen un control desmedido son un factor determinante para la pérdida de libertad y creatividad de los empleados. Impiden que los trabajadores disfruten con su trabajo y provocan insatisfacción laboral. En cambio, los

> líderes que saben cómo confiar en los demás son más propensos a dejar espacio para que sus empleados crezcan y experimenten. En concreto, les ayudan a redefinir y reconfigurar su trabajo. Los empleados que tienen la oportunidad de personalizar su trabajo muestran un mayor compromiso y son más valiosos para la empresa porque sienten que su director confía en ellos plenamente.

Ten en cuenta que todas las virtudes anteriores deben estar presentes en un líder. Un jefe que es implacable pero no confía en su gente sería un déspota que somete a sus empleados con un comportamiento errático e impredecible: una forma segura de menoscabar el rendimiento y la moral. Un director que es exigente pero no es curioso puede acabar siendo asfixiante. Mientras que un jefe que es confiado pero no es exigente acabará siendo un pusilánime. En resumen, existe una gran diferencia entre hacer que el trabajo tenga sentido y hacerlo divertido o sencillo;

del mismo modo que existe una gran diferencia entre un trabajador comprometido y uno contento. Mientras que el compromiso implica entusiasmo, fuerza y motivación —actitudes que mejoran el rendimiento y que añaden valor a la empresa—, la alegría o la diversión pueden llevar a la complacencia. Para ser un gran líder, debes centrar toda tu atención en ayudar a que tus empleados encuentren un significado al trabajo que realizan y a sus éxitos, en vez de preocuparte por si pasan un buen rato en la oficina.

LEWIS GARRAD es consultor y asesor de Mercer | Sirota. TOMAS CHAMORRO-PREMUZIC es el CEO de Hogan Assessments, profesor de Psicología Empresarial en el University College de Londres y en la Universidad de Columbia, y profesor asociado del Laboratorio de Finanzas Empresariales de Harvard. Su último libro es *The Talent Delusion: Why Data, Not Intuition, Is the Key to Unlocking Human Potential* (2017).

Notas

1. «The Most and Least Meaningful Jobs», Payscale: cort.as/-EUxp.

2. Judge, T. A. et al. 2010. «The Relationship Between Pay and Job Satisfaction: A Meta-Analysis of the Literature», *Journal of Vocational Behavior* 77, n.º 2.
3. Steger, M. F. 2012. «Measuring Meaningful Work: The Work and Meaning Inventory (WAMI)», *Journal of Career Assessment* 20, n.º 3; Spreitzer G. et al. 2005. «A Socially Embedded Model of Thriving at Work», *Organization Science* 16, n.º 5; Gartenberg, C. M. et al. 2016. «Corporate Purpose and Financial Performance», Columbia Business School Research Paper, n.º 16-69.
4. Carton, M. 2017. «'I'm Not Mopping the Floors, I'm Puttinga Man on the Moon': How NASA Leaders Enhanced the Meaningfulness of Work by Changing the Meaning of Work». *Administrative Science Quarterly*; y O'Reilly, C. A. et al. 2014. «The Promise and Problems of Organizational Culture» *Group and Organization Management* 39, n.º 6.
5. Wrzesniewski, A. y Dutton, J. E. 2001. «Crafting a Job: Revisioning Employees as Active Crafters of Their Work», *Academy of Management Review* 26, n.º 2.
6. Kappes H. B. y Oettingen, G. (2011). «Positive Fantasies About Idealized Futures Sap Energy» *Journal of Experimental Social Psychology* 47, n.º 4.
7. Schnell, T. et al. 2013. «Predicting Meaning in Work: Theory, Data, Implications» *Journal of Positive Psychology* 8, n.º 6; Kristof-Brown, A. L et al. 2005. «Consequences of Individuals' Fit at Work: A Meta-Analysis of Person-Job, Person-Organization, Person-Group, and Person-Supervisor Fit» *Personnel Psychology* 58; y Bhaduri, A. 2013.

Don't Hire the Best: An Essential Guide to Building the Right Team. Hogan Press.

Publicado originalmente en hbr.org
el 17 de agosto de 2017 (producto #H03U96).

9

El poder de las pequeñas victorias

Teresa M. Amabile y Steven J. Kramer

¿Cuál es la mejor forma de impulsar el trabajo innovador en una empresa? Las historias vitales de los creadores más exitosos pueden darnos algunas pistas. En realidad, resulta que los científicos, los técnicos, los comerciales, los programadores y otros trabajadores del conocimiento no tan reconocidos —cuyo trabajo requiere un esfuerzo creativo diario— tienen muchas más cosas en común con un artista exitoso de lo que muchos directores se imaginan. Las circunstancias que habitualmente activan sus emociones, alimentan sus motivaciones y modifican sus perspectivas son básicamente las mismas.

En su autobiografía de 1968, *The Double Helix*, James Watson describe la montaña rusa de emociones que él y Francis Crick experimentaron con los avances y retrocesos de su trabajo por el que, años más tarde, consiguieron ganar el Premio Nobel. Después del entusiasmo que les produjo el primer intento por elaborar un modelo de ADN, Watson y Crick se percataron de ciertos errores importantes. Según Watson: «Nuestras primeras aproximaciones a los modelos de ADN... no fueron satisfactorias», aun así, esa misma tarde, «un extraño sentimiento devolvió la confianza a nuestro espíritu». Pero, cuando enseñaron los progresos a sus compañeros, comprobaron que su modelo no funcionaría. Fueron días de muchas dudas, y la motivación empezó a decaer. Finalmente, cuando hallaron la solución y la manera correcta de expresar su modelo, y sus compañeros no encontraron ninguna discrepancia, Watson escribió: «Mi moral aumentó porque sospechaba que, en ese momento, teníamos la respuesta al acertijo». Este primer éxito resultó tan inspirador que Watson y Crick prácticamente se mudaron al laboratorio para intentar acabar el trabajo.

A lo largo de estos episodios, tanto los progresos como las adversidades determinaron sus reacciones. En nuestra reciente investigación sobre el trabajo creativo en los negocios, tropezamos con un fenómeno similar. Después de analizar exhaustivamente las memorias de trabajo de los empleados, hallamos el «principio del progreso»: entre todas las cosas que durante una jornada de trabajo pueden estimular las actitudes positivas, la motivación y las percepciones favorables, la más importante, por no decir la única, tiene que ver con la de hacer progresos en una tarea dotada de sentido. Y, cuanto más a menudo se experimente esta sensación de progreso, más posibilidades existen de que se lleve a cabo una producción creativa durante un mayor espacio de tiempo. Tanto si se pretende encontrar la solución a un enigma científico como si se pretende crear un producto o un servicio de alta calidad, el progreso diario —incluso las pequeñas victorias— marca la diferencia en cómo se sienten y se desempeñan las personas.

El poder del progreso es fundamental para la naturaleza humana, pero solo algunos directores lo comprenden o saben cómo favorecerlo para estimular la motivación. En realidad, la motivación laboral ha sido objeto de estudio en largos y profundos debates. En una encuesta que preguntaba a distintos directivos cuáles eran los factores clave en la motivación de los trabajadores, vimos que unos consideraban el reconocimiento del buen trabajo como el valor más importante, mientras que otros centraban su atención en resultados más tangibles. Algunos destacaban la importancia de tener un apoyo interprofesional, mientras que otros valoraban más que cualquier otra cosa unos objetivos definidos. Curiosamente, muy pocos participantes situaron el progreso en el primer lugar de su lista de prioridades (consultar el recuadro «Una sorpresa para los directivos»).

Si eres el director de un equipo o una empresa, el principio del progreso tiene muchas más implicaciones de las que puedas imaginarte. Este principio implica que, en realidad, tienes mucha más influencia de la que crees sobre el bienestar de tus empleados, su motivación y sus procesos creativos. Conocer los factores que catalizan y alimentan el progreso es la solución para dirigir eficazmente a tu equipo y su trabajo.

UNA SORPRESA PARA LOS DIRECTIVOS

En un número de la revista HBR de 1968, Frederick Herzberg publicó un artículo que se ha convertido en un clásico: «One More Time: How Do You Motivate Employees?». Los resultados de nuestras investigaciones corroboran su mensaje: la gente está más satisfecha con su trabajo —por lo tanto, más motivada— si este les ofrece la oportunidad de experimentar éxitos. La investigación que describimos a continuación sobre una memoria de trabajo —en la que examinamos al detalle los sucesos de miles de días de trabajo— descubrió el mecanismo que escondía el significado del éxito: progreso de forma constante y significativa.

Pero parece que los directivos no han tomado las lecciones de Herzberg con demasiada ilusión. Para evaluar la conciencia actual que se tiene de la importancia de los progresos diarios en el trabajo, hemos realizado una encuesta a 669 directivos de distintos niveles y de distintas compañías de todo el mundo.

(*continúa*)

UNA SORPRESA PARA LOS DIRECTIVOS

Les preguntamos qué herramientas de gestión tienen efecto en la motivación y las actitudes de los empleados. Los encuestados clasificaron cinco herramientas: apoyo para avanzar en el trabajo, reconocimiento por el buen trabajo, incentivos, apoyo interpersonal y metas claras, según su orden de importancia.

De los directivos que hicieron la encuesta, el 95% probablemente se sorprendería si les enseñaran que apoyar el progreso diario es la principal herramienta para incrementar la motivación. En realidad, solo 35 directivos (un 5%) valoraron el progreso como la principal herramienta para motivar a sus empleados. La gran mayoría de los encuestados situó en último lugar el apoyo al progreso diario como herramienta para motivar, y en tercer lugar como herramienta para influenciar en las actitudes de forma positiva. La mayoría pusieron en el primer lugar el «reconocimiento del trabajo bien hecho» como herramienta para motivar a los trabajadores. En nuestro estudio, ese reconocimiento a las labores bien hechas también forma parte de los mecanismos que permiten estimular nuestra vida laboral, pero se encuentra a mucha distancia de la importancia que tiene el progreso. Además, si no hay trabajo, pocas cosas se pueden reconocer.

En este artículo compartimos lo que hemos aprendido sobre el poder del progreso continuo y cómo los directivos pueden promocionarlo. Explicaremos con todo lujo de detalles cómo el progreso se transforma en acciones directivas concretas y proporcionaremos una lista de control para favorecer que estos comportamientos sean habituales. Pero, para evidenciar por qué estas acciones tienen tanto poder, en primer lugar, describiremos nuestra investigación y lo que las memorias de trabajo de los empleados revelaron sobre sus «vidas laborales personales».

Vida laboral interna y rendimiento

Durante quince años, nos hemos dedicado a estudiar las experiencias psicológicas y el rendimiento de las personas que desempeñan trabajos complejos en las empresas. Desde el principio, nos dimos cuenta de que el motor central de la creatividad, la productividad y el rendimiento era la calidad de la vida laboral interior de una persona: la mezcla de emociones, motivaciones y percepciones en el transcurso de una jornada laboral. Es decir, su felicidad, la motivación y el interés por el trabajo que desempeñan, la valoración de la empresa y las relaciones con su jefe, con su equipo o con ellos mismos. Todo ello combinado los llevará al éxito o los arrastrará al fracaso.

Para comprender mejor esta dinámica interior, pedimos a los miembros de los equipos del proyecto que respondieran individualmente a una encuesta por correo electrónico al final de cada día durante el transcurso del proyecto —con una duración media de cuatro meses— (para conocer más detalles de nuestra investigación, mira el artículo «Inner Work Life: Understanding the Subtext of Business Performance»). Los proyectos que planteamos —por ejemplo, inventar utensilios de cocina, gestionar líneas de productos de limpieza y resolver problemas tecnológicos complejos para una cadena hotelera— implicaban creatividad. La encuesta diaria preguntó acerca de las emociones y los estados de ánimo de los participantes, los niveles de motivación y las percepciones del ambiente de trabajo de ese día; así como, también, sobre qué trabajo hicieron y qué situaciones les habían llamado la atención.

Participaron 26 equipos de 7 empresas distintas; en total, 238 personas. De este modo, se obtuvieron casi 12.000 anotaciones en los diarios. Naturalmente, todos los participantes experimentaron altibajos. Nuestro objetivo era descubrir qué estados de ánimo y qué acontecimientos laborales estaban relacionados con los niveles más altos de producción creativa.

En franca oposición al tópico de que la presión y el miedo estimulan los resultados, descubrimos que —al menos en el ámbito del trabajo del conocimiento— las personas son más creativas y productivas cuando su vida laboral interna es positiva, son felices, están motivadas por el trabajo en sí y tienen opiniones positivas de sus colegas y de la organización. Además, en esos estados positivos, la gente está más comprometida con el trabajo y más conectada con sus compañeros. También advertimos que la vida laboral interior puede fluctuar de un día para otro, incluso a veces de manera salvaje, y repercute activamente en el rendimiento. La vida laboral interior de una persona en un día determinado tiene efectos en el rendimiento inmediato de ese día y puede afectar en el rendimiento del día siguiente.

Una vez que este «efecto interior de la vida laboral» se hizo evidente, nuestra investigación se centró en descubrir si las acciones directivas eran capaces de estimularla y, en caso afirmativo, en encontrar un método. ¿Qué acontecimientos podrían estimular las emociones, las motivaciones y las percepciones positivas o negativas? Las respuestas se encontraban en los diarios de los participantes. Hay factores determinantes que mejoran, o desinflan, la vida laboral interna y, a pesar de la variedad, son prácticamente los mismos para cada uno de nosotros.

El poder del progreso

La búsqueda de los factores determinantes para la vida laboral y personal nos llevó a descubrir el principio del progreso. Cuando comparamos los mejores y los peores días de los participantes de nuestra investigación —basados en el estado de ánimo general, las emociones específicas y los niveles de motivación—, vimos que el factor que habitualmente desencadenaba un «día bueno» era cualquier progreso en el trabajo del individuo o del equipo. En cambio, el que más veces provocó un «día malo» fue un contratiempo o un revés.

Por ejemplo, piensa en cómo el progreso diario puede afectar a un componente determinante de tu vida laboral: a la valoración de tu estado de ánimo. Los mejores progresos en cualquier proyecto tuvieron lugar en el 76% de los días en los que los trabajadores se encontraban de buen humor. En cambio, los reveses o los retrocesos tan solo ocurrieron en el 13% de esos días (ver el recuadro «¿Qué ocurre en los días buenos y en los malos?»).

Otros dos tipos de factores que determinan la vida laboral interna también ocurren con frecuencia durante los mejores días: *los catalizadores* —acciones que apoyan directamente el trabajo, incluyendo la ayuda de una persona o de un grupo— y los *nutrientes* —como las muestras de respeto y las palabras de aliento—. Cada uno de estos tipos tiene un opuesto: los *inhibidores* —acciones que impiden u obstaculizan activamente el trabajo— y las *toxinas* —desalientan y socavan la confianza en el trabajo—. Mientras que los catalizadores y los inhibidores se dirigen al proyecto, los nutrientes y las toxinas van dirigidos a las personas. Al igual que los reveses, los inhibidores y las toxinas son raros en los días de una gran vida laboral interna.

Los sucesos que ocurren durante los días donde el humor es más negativo son el reverso de los días donde reina el buen ambiente. Durante el 67% de estos malos días en los que predominaron los contratiempos, solo en un 25% de ellos se produjo algún avance. Los inhibidores y las toxinas también estuvieron presentes en los días de mal humor, y los catalizadores y los nutrientes escasearon.

Esta fue la conclusión del proyecto: El que una persona esté motivada y feliz al final de una jornada laboral es una señal de que ha hecho algún progreso. Si la persona abandona la oficina triste y decepcionada, lo más probable es que un contratiempo o un revés tengan la culpa.

Cuando analizamos las 12.000 encuestas diarias realizadas por nuestros participantes, descubrimos que el progreso y los retrocesos influyen en los tres aspectos de la vida laboral interna. En los días que hicieron algún progreso, nuestros participantes reportaron *emociones* más positivas. No solo estaban en un estado de ánimo más optimista, sino que también expresaron más alegría, calidez y orgullo. Pero, cuando sufrieron algún contratiempo, experimentaron frustración, miedo y tristeza.

La *motivación* también se vio afectada. En los días donde se consiguió algún progreso, la gente estaba motivada intrínsecamente; es decir, mostraban un interés y una satisfacción generados por el propio trabajo. En cambio, durante los días donde ocurrió algún contratiempo, la gente no solo mostraba menos motivación intrínseca, sino que, también, era más difícil motivarlos desde el exterior. Aparentemente, los contratiempos tienden a provocar que una persona se sienta apática y sin ganas de participar en el trabajo.

Las *percepciones* también se diferenciaron en muchos aspectos. En los días de progreso, la gente percibía retos significativamente más positivos en su trabajo. Los trabajadores tenían la sensación de que sus equipos se apoyaban recíprocamente y reportaron interacciones más positivas entre los equipos y sus supervisores. Por el contrario, las percepciones se vieron afectadas en muchos aspectos cuando las personas sufrieron reveses o contratiempos. Confesaron

¿Qué ocurre en los días buenos y en los malos?

El progreso —incluso un pequeño paso hacia adelante— ocurre durante los días en los que la gente afirma estar de buen humor. Los sucesos que tienen lugar durante los días malos —retrasos y otros obstáculos— son la imagen opuesta de lo que ocurre cuando se progresa.

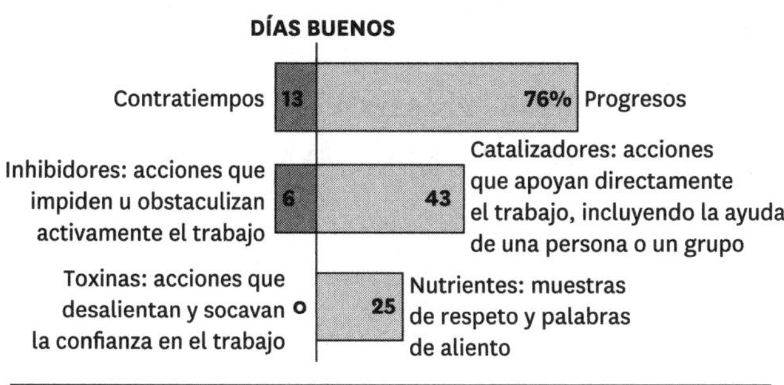

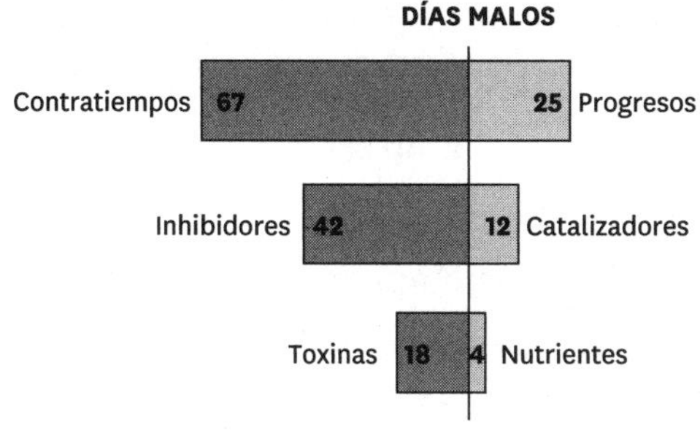

encontrar menos retos positivos en el trabajo, y sintieron que tenían menos libertad y menos recursos para llevarlo a cabo. En los días difíciles, los participantes consideraron que tanto sus equipos como sus supervisores les brindaban menos apoyo.

No existe la menor duda de que nuestros análisis establecen correlaciones determinantes, pero aun así no prueban la causalidad. No son capaces de determinar si estos cambios en la vida interna laboral son el resultado del progreso y los contratiempos, o viceversa. Los números por sí solos no son capaces de responder a eso. Sin embargo, podemos estar seguros —gracias al análisis de los diarios— de que la percepción, el sentido del propósito, la satisfacción, la felicidad y la euforia están habitualmente ligados a los progresos. A continuación, presentamos un fragmento del diario de un programador después de un día de progresos en su trabajo: «Arreglé ese *bug* que me ha estado frustrando durante casi una semana. Puede que no sea gran cosa, pero llevo una vida muy monótona, así que estoy entusiasmado».

Asimismo, también observamos cómo la frustración, la tristeza y el malestar a menudo estaban relacionados con los contratiempos. Otro participante anotó esto en el diario: «Hemos invertido mucho tiempo actualizando la lista de los costes de producción del proyecto y, después de revisar los números, aún estamos por debajo de nuestro objetivo. Es descorazonador no ser capaz de encontrar una solución habiendo dedicado tanto tiempo».

Casi con toda seguridad, la causalidad de estos factores es bidireccional, y los directivos pueden utilizar este círculo virtuoso —entre el progreso y la vida laboral interna— para favorecer a ambos.

Éxitos menores

Cuando hablamos de *los progresos*, habitualmente nos imaginamos la satisfacción que nos brindaría la oportunidad de lograr nuestros objetivos a largo plazo o de hacer un gran avance en nuestro campo.

Sin duda, cualquiera de las dos opciones sería un gran éxito, pero son tremendamente raras. La buena noticia es que incluso los pequeños avances pueden estimular tu vida laboral interna de forma sorprendente. Muchos de los progresos de los participantes en el proyecto tan solo representaban pequeños avances en los proyectos. Sin embargo, normalmente generaban reacciones positivas de gran envergadura. Fíjate en lo que escribió este programador en su memoria de trabajo un día que su autoevaluación fue sorprendentemente positiva en lo relativo a las emociones, la motivación y la percepción: «Encontré lo que no funcionaba correctamente. Me sentí feliz y aliviado porque era un pequeño éxito para mí».

Incluso a pequeña escala, el progreso gradual puede aumentar la participación de las personas en el trabajo y su felicidad durante la jornada laboral. En todos los tipos de acontecimientos reportados por nuestros participantes, los progresos que no fueron determinantes en el proyecto (28%) tuvieron una gran importancia para los sentimientos de los trabajadores. Porque la vida laboral interna tiene un efecto muy potente en la creatividad y la productividad, y porque los pequeños pasos compartidos por muchas personas suelen acumularse para lograr los objetivos. Los pequeños progresos que a menudo pasan inadvertidos son críticos para el desempeño general de las organizaciones.

Desafortunadamente, existe la otra cara de la moneda. Los pequeños contratiempos o los pasos atrás pueden tener un efecto extremadamente negativo en la vida laboral interna. De hecho, nuestro estudio muestra que los acontecimientos negativos pueden tener un impacto más poderoso que los positivos. En consecuencia, es de vital importancia que los directivos minimicen las molestias diarias (comprobar el recuadro «¿Qué ocurre en los días buenos y en los días malos?»).

Los progresos en un trabajo con sentido

Hemos mostrado la satisfacción que obtienen los trabajadores cuando son capaces de alcanzar un objetivo.

Pero no olvides lo que hemos dicho antes: la clave para motivar el rendimiento consiste en favorecer los progresos en un trabajo con sentido. Hacer pequeños progresos estimula tu vida laboral interna, pero solo si ese trabajo tiene algún propósito para ti.

Piensa en el trabajo más aburrido que hayas realizado. Mucha gente nombra el primer trabajo que tuvo en la adolescencia —limpiando ollas y sartenes en la cocina de un restaurante o revisando abrigos en algún museo—. Trabajos donde el poder del progreso parece escaso. No importa lo duro que trabajes, siempre hay más trabajo por hacer hasta agotar el tiempo de tu jornada laboral. Al final de la semana recibes tu sueldo y solo entonces se produce una sensación de logro.

En trabajos más exigentes y con mayor espacio para la creatividad, como los que tenían los participantes de nuestro estudio, el simple hecho de «progresar» tampoco garantiza una buena vida laboral interior. Quizás hayas experimentado esa desagradable sensación en tu propio trabajo. Días en los que, a pesar de haber trabajado duro y haber hecho las cosas bien, te sientes desmotivado, aburrido y frustrado. Lo más probable es que consideres que tu trabajo es irrelevante o marginal. Para que el principio del progreso funcione, el trabajo debe tener un sentido para la persona que lo realiza.

En 1983, Steve Jobs intentaba convencer a John Sculley para que dejara una carrera de gran éxito en PepsiCo y se convirtiera en el nuevo CEO de Apple. Jobs le preguntó: «¿Quieres pasar el resto de tu vida vendiendo agua azucarada o quieres tener la oportunidad de cambiar el mundo?». Al hacer su propuesta, Jobs estaba aprovechando una potente fuerza psicológica: el profundo deseo humano de realizar un trabajo trascendente.

Afortunadamente, sentirse realizado en el trabajo no implica únicamente tener que inventar el primer ordenador personal, eliminar la pobreza o ayudar a curar el cáncer. Un trabajo de menor relevancia puede tener sentido si aporta un valor importante para la sociedad. El significado puede ser tan simple como hacer un producto útil y de alta calidad para un cliente, o proporcionar un servicio genuino para una comunidad. También puedes encontrar un propósito en echar una mano a tus compañeros o en incrementar los beneficios de tu empresa reduciendo los puntos débiles del proceso de producción. Independientemente de que los objetivos sean elevados o modestos, mientras sean significativos para el trabajador y su camino esté bien definido, el progreso gradual hacia su consecución será muy provechoso para la vida laboral interna.

En principio, ningún directivo debería encontrar demasiados problemas para dar sentido al trabajo de sus empleados. La mayoría de los trabajos modernos son potencialmente significativos para la gente que los realiza. Sin embargo, los directivos deben asegurarse de que los empleados sepan que su trabajo contribuye al objetivo general de la empresa. Y, aún más importante, deben evitar cualquier acción que niegue el valor de esa contribución (ver el recuadro «Cómo se despoja al trabajo de su significado»). Todos los participantes de nuestro proyecto realizaban trabajos que deberían haber sido

CÓMO SE DESPOJA AL TRABAJO DE SU SIGNIFICADO

Las entradas de los diarios de los 238 trabajadores revelaron cuatro vías principales mediante las cuales los directivos o los superiores lograban despojar de todo sentido el trabajo que realizaban.

Un superior puede despreciar el trabajo o las ideas de los empleados. Fíjate en el caso de Richard, un técnico de laboratorio de una compañía química, que encontró el sentido de su trabajo en ayudar a resolver los problemas técnicos complejos del equipo que desarrollaba los nuevos productos. Sin embargo, en las reuniones, Richard percibía que el líder de su equipo ignoraba sus sugerencias y las de sus compañeros. Como resultado, sintió que su contribución no tenía sentido alguno, y su confianza y su motivación desaparecieron. Cuando volvió a creer que contribuía sustantivamente en el éxito del proyecto, su estado de ánimo mejoró radicalmente:

(*continúa*)

CÓMO SE DESPOJA AL TRABAJO DE SU SIGNIFICADO

«Me sentí mucho mejor en la reunión de equipo de hoy. Sentí que mis opiniones y aportaciones eran importantes para el proyecto y que hemos progresado un poco».

Pueden hacer que los empleados pierdan el sentido de autoría de su trabajo. Las reasignaciones precipitadas y reiteradas suelen tener este efecto. Esto es lo que les ocurrió a los miembros de un equipo de desarrollo de productos en una empresa de productos de consumo. Así los describió Bruce, un miembro del equipo: «Cuando he transferido determinados proyectos, me he dado cuenta de que no me gusta renunciar a ellos. Especialmente, cuando he participado en esos proyectos desde el principio y estoy a punto de finalizarlos. Pierdo todo el sentido de la autoría. Esto ocurre demasiado a menudo».

Los directores pueden enviar el mensaje de que el trabajo que los empleados están realizando

nunca saldrá a la luz. Se puede provocar este sentimiento cuando se cambian las prioridades y el criterio de las cosas que deberían hacerse. Nos encontramos con esta situación en el caso de una empresa de tecnología de internet después de que Burt —el desarrollador de la interfaz del usuario— se hubiese pasado semanas enteras diseñando una interfaz para los usuarios que no hablan inglés. No fue una sorpresa que el ánimo de Burt estuviera seriamente afectado el día que escribió este incidente: «Durante la reunión, se plantearon otras opciones para la interfaz de la comunidad internacional, lo que podría suponer que el trabajo que estoy haciendo no sirva para nada».

Es posible que no informen a los empleados sobre los cambios inesperados en las prioridades de un cliente. A menudo, esto se debe a una mala gestión de

(*continúa*)

CÓMO SE DESPOJA AL TRABAJO DE SU SIGNIFICADO

los clientes o a una comunicación ineficiente dentro de la empresa. Por ejemplo, Stuart, un experto en transformación de datos de una empresa de IT, experimentó una profunda frustración el día en el que se enteró de que las semanas de duro trabajo que había realizado todo el equipo podrían ser desaprovechadas: «He visto que existe la posibilidad de que el proyecto no salga adelante debido a un cambio en la agenda del cliente. Por lo tanto, existe la posibilidad de que todo el tiempo y el esfuerzo que hemos invertido en este proyecto sea una gran pérdida de tiempo».

---

significativos; nadie se encargaba de lavar las ollas o de revisar los abrigos. Sin embargo, vimos en no pocas ocasiones como una ocupación importante y excitante perdía todo el poder de inspiración que en un principio había tenido.

Favorecer el progreso: catalizadores y nutrientes

¿Qué pueden hacer los directivos para asegurarse de que las personas están motivadas y comprometidas y son felices? ¿Cómo pueden apoyar el progreso diario de los trabajadores? Pueden usar los catalizadores y los nutrientes, esos factores que también aparecieron de forma habitual durante los «días buenos».

Los catalizadores son acciones que apoyan el trabajo. Estos factores incluyen el establecimiento de unos objetivos claros que doten de autonomía al empleado y le proporcionen el tiempo y los recursos necesarios para que pueda aprender y solucionar los problemas que se presenten. Sus opuestos, los inhibidores, incluyen la falta de apoyo y la supervisión constante en el trabajo. Debido al impacto que tienen en los progresos graduales, tanto los catalizadores como los inhibidores afectan en última instancia a la vida laboral interna. Pero también tienen un impacto inmediato: cuando la gente se da cuenta de que tiene objetivos claros y significativos, suficientes recursos y compañeros en los que confiar, sus emociones, su percepción y su motivación se ven estimuladas, y pueden realizar el trabajo con su máximo potencial.

Los nutrientes son actos de apoyo interprofesional, como el respeto, el reconocimiento, el consuelo emocional y la oportunidad de pertenecer a un grupo. Las toxinas —la otra cara de la moneda— son actitudes como faltar al respeto o tener poca consideración por las emociones y las relaciones interpersonales. Tanto para bien como para mal, los nutrientes y toxinas afectan a la vida laboral interior de forma directa e inmediata.

Los catalizadores y los nutrientes —así como sus opuestos— pueden alterar el sentido del trabajo al transformar la percepción que la gente tiene de este. Por ejemplo, cuando un director se preocupa de que la gente tenga los recursos que necesita, demuestra a los empleados que el trabajo que llevan a cabo es importante para él y para la empresa. En este sentido, los catalizadores y los nutrientes pueden incrementar el valor del trabajo y favorecen la aparición del principio del progreso.

Las acciones de la dirección que logran generar catalizadores y nutrientes no son particularmente misteriosas; pueden parecerse a las pautas de *Management 101*, o simplemente hacer caso del sentido común. Pero nuestro estudio nos recordó la frecuencia con la que a menudo se ignoran u olvidan estas pautas. Incluso algunos de los directivos más diligentes de nuestro estudio no se preocuparon por generar este tipo de actitudes y valores. Por ejemplo, Michael, un especialista en cadenas de suministros, era un excelente gerente de equipos de trabajo. Pero, en ciertas ocasiones, se sentía tan sobrepasado que se volvía tóxico para su gente. Cuando un proveedor no pudo completar un pedido urgente a tiempo, y el equipo de Michael tuvo que recurrir al transporte aéreo para cumplir con el plazo de entrega, se dio cuenta de que el margen de beneficio de la venta se vería reducido. Irritado, increpó a sus empleados y menospreció el trabajo que habían realizado. En su diario, escribió: «El pedido del viernes ha gastado en el flete aéreo 28.000 dólares para enviar 1.500 aerosoles —de 30 dólares la unidad— a nuestro cliente número dos. Quedan otros 2.800 para enviar. He pasado de ser un amable director para encarnar a un verdugo enmascarado. El buen ambiente escasea, estamos entre la espada y la pared, lograrlo es casi imposible; por lo tanto, habrá problemas».

Incluso cuando los gerentes no están con el agua al cuello, el desarrollo de estrategias a largo plazo y el lanzamiento de nuevas iniciativas pueden parecer más importantes —y más atractivos— que asegurarse de que los trabajadores tengan lo que necesitan para progresar de manera constante y sentirse apoyados como seres humanos. Pero, como vimos repetidas veces en nuestra investigación, incluso la mejor estrategia fracasará si los directivos no tienen en cuenta a las personas que trabajan en la retaguardia.

Una dirección modélica —y unos consejos para conseguirla—

Podríamos explicar los muchos mecanismos que pueden estimular el progreso y alimentar el espíritu, pero puede ser de mayor utilidad presentar el ejemplo de un director que usó esos mecanismos de manera sistemática.

Nuestro modelo de dirección es Graham, que dirige un pequeño equipo de ingenieros químicos en una multinacional europea a la que llamaremos Kruger-Bern. El objetivo del equipo para el proyecto NewPloy es claro y tiene un propósito: desarrollar un polímero seguro y biodegradable para reemplazar a los petroquímicos en la cosmética y, si es posible, en una amplia gama de productos de consumo. Sin embargo, como suele ocurrir en las grandes compañías, el proyecto se gestó en un entorno corporativo confuso que amenazaba con cambios de prioridad y con compromisos inestables. Los recursos eran escasos y la incertidumbre se cernía sobre el futuro del proyecto —y la carrera de cada miembro del equipo—. Pero eso no era todo, un incidente con una reclamación de un cliente importante en las etapas tempranas del proyecto había dejado al equipo aturdido. Sin embargo, Graham fue capaz de estimular la vida laboral interior de los miembros del equipo mediante su empeño por eliminar cualquier obstáculo, por dotar de los recursos necesarios para que hubiera un progreso gradual y por ofrecer la ayuda emocional necesaria a todo el equipo.

La gestión de Graham sobresalió en cuatro aspectos. En primer lugar, instauró un clima positivo que establecía un conjunto de normas para todo el equipo. Por ejemplo, cuando tuvo lugar la reclamación del cliente y el proyecto se detuvo en seco, se comprometió con el equipo para revisar el problema sin recriminaciones y desarrollar un plan para reparar la situación. Al hacerlo, estableció un modelo para afrontar las crisis en el trabajo: afrontar los problemas sin pánico y sin culpar a nadie para crear un espacio de trabajo donde se pudieran identificar los problemas y sus causas. Este es un enfoque práctico y una gran manera de ofrecer a los empleados un sentido de progreso, incluso frente a los errores y fracasos inherentes de cualquier proyecto complejo.

En segundo lugar, Graham se mantuvo atento a las actividades diarias y al progreso de su equipo. De hecho, el clima de tranquilidad que había establecido hizo posible que esto sucediera de forma natural. Los miembros del equipo lo informaban con frecuencia —voluntariamente— acerca de los progresos y los contratiempos del proyecto. En una ocasión, Brady, uno de sus empleados más laboriosos, tuvo que cancelar una prueba de un nuevo material porque no había conseguido los parámetros correctos para probarlo con el equipamiento. Eran malas noticias, porque el equipo de NewPloy solo tenía acceso al equipamiento un día a la semana; pero Brady informó inmediatamente a Graham. En la entrada de su diario de esa noche, Brady apuntó: «No le gustó la semana de trabajo que habíamos perdido, pero pareció que lo entendía». La comprensión que mostró Graham le permitió seguir al corriente de todo lo que ocurría y reforzar su confianza con el equipo para que pudiera progresar.

En tercer lugar, Graham centró su atención en aportar lo que hiciera falta según iba avanzando el proyecto. Cada día intentaba anticipar qué tipo de actuación —un catalizador o la eliminación de un inhibidor; un nutriente o algún antídoto para una toxina— tendría el mayor impacto en la vida laboral interna y en el progreso de los miembros del equipo. Y, si no podía anticipar lo que ocurriría, se lo preguntaba al equipo. La mayoría de los días no era difícil saber cómo se encontraba el ánimo del equipo, como el día en que recibió noticias positivas sobre el compromiso de sus jefes con el proyecto. Sabía que el equipo estaba nervioso porque se rumoreaba que podría haber una reorganización corporativa, así que pensó que al equipo le vendría bien un poco de aliento. A pesar de que la notificación se produjo durante un merecido día de descanso, se puso inmediatamente al teléfono para transmitir las buenas noticias al equipo.

Finalmente, para los miembros del equipo, Graham se convirtió en un recurso al que acudir, en lugar de un «microgestor», un jefe preocupado en exceso por supervisar cualquier detalle. De este modo, se aseguró de hacer un seguimiento de cada actividad, pero sin ejercer excesivo control. Puede llegar a parecer que comprobar y controlar son acciones similares, pero no es así. Los supervisores que controlan en exceso cometen cuatro tipos de errores. En primer lugar, no permiten la autonomía en el desempeño del trabajo. A diferencia de Graham —que señaló un objetivo estratégico claro, pero que respetaba las ideas sobre cómo alcanzarlo—, los directivos controladores dictan cada movimiento. En segundo lugar, piden explicaciones de forma reiterada a los subordinados sobre su trabajo sin proporcionar ninguna ayuda a cambio. Por el contrario, cuando uno de los miembros del equipo de Graham le comunicó algún problema, él se prestó a analizarlo con el equipo —permaneciendo abierto a interpretaciones alternativas— y a menudo terminó ayudando a encauzar las cosas. En tercer lugar, los directores que supervisan en exceso se apresuran a culpar a sus empleados cuando surge algún problema, y así consiguen que los subordinados les oculten los problemas, en lugar de discutir honestamente cómo solucionarlos, como hizo Graham con Brady. Y, en cuarto lugar, los jefes controladores tienden a recabar información para utilizarla como arma secreta. Pocos se dan cuenta de lo perjudicial que es esto para la vida laboral interna. Cuando los empleados perciben que un director está ocultando información potencialmente útil, se sienten humillados, y su motivación y su trabajo disminuyen. Graham siempre se apresuró a comunicar los puntos de vista de la dirección sobre el proyecto, las opiniones y las necesidades de los clientes y las posibles fuentes de ayuda o resistencia dentro y fuera de la organización.

De este modo, Graham pudo conservar las emociones positivas, la motivación y las percepciones favorables en su equipo. Sus acciones son un poderoso ejemplo de la forma en la que cualquier director debe enfocar su día a día para favorecer el progreso gradual.

Somos conscientes de que para muchos directivos, por muy bien intencionados que sean, será muy difícil establecer los mismos hábitos que aplicó Graham con tanta naturalidad. Por supuesto, la concienciación es el primer paso. Sin embargo, para aplicar y consolidar en una oficina la importancia de la vida laboral interior como una acción rutinaria, se requiere una disciplina. Con esa intención, hemos recopilado una lista de control para que los directores la consulten diariamente (ver el recuadro «El progreso diario»). El objetivo de la lista de control es la gestión diaria de un progreso significativo.

El ciclo del progreso

La vida laboral interna impulsa el rendimiento; a su vez, un buen rendimiento —que depende de un progreso constante— mejora la vida laboral interna. Llamamos a esto «el ciclo del progreso», el cual revela su poder de retroalimentación.

Por lo tanto, la repercusión más importante del principio del progreso es esta: apoyando el progreso diario de las personas a su cargo, los directivos no solo mejoran la vida laboral interna de sus empleados, sino que también ayudan al bienestar de la organización a largo plazo. Por supuesto, no todo son ventajas. Este círculo también tiene un lado oscuro: la posibilidad de entrar en un bucle negativo. Si los directivos no logran apoyar el progreso de las personas que tienen a su cargo, su vida laboral interna se resiente, y ello afecta al rendimiento.

Una segunda consecuencia del principio del progreso es que los directivos no tienen que preocuparse por intentar leer la mente de sus trabajadores o manejar complicados esquemas de incentivos para asegurar la motivación y la felicidad de los empleados. Siempre y cuando muestren un respeto y una consideración básicos, pueden concentrarse en apoyar el desarrollo natural del trabajo.

Para convertirte en un gestor eficaz, debes aprender a poner en marcha este bucle de retroalimentación positiva. Esto puede representar un cambio significativo. Normalmente, las escuelas de negocios, los manuales y los propios administradores centran su atención en la gestión de las empresas o de las personas. Pero, si te concentras en la gestión del progreso, la gestión de las personas —e incluso la de la compañía entera—, será mucho más eficaz. No tendrás que preocuparte por radiografiar la vida laboral interna de tus empleados; si favoreces el desempeño de sus tareas y el progreso constante en un trabajo que les resulte significativo, los propios empleados experimentarán las emociones, las motivaciones y las percepciones necesarias para garantizar un rendimiento eficaz. Su propio trabajo contribuirá al éxito de la organización. Y aquí reside el secreto de todo esto: que a tus empleados les encante lo que hacen.

TERESA M. AMABILE es profesora en la Edsel Bryant Ford of Business Administration en la Harvard Business School y autora de *Creativity in Context* (Westview Press, 1996). STEVEN J. KRAMER es un investigador independiente, escritor y consultor. Es coautor de *Creativity Under the Gun* (HBR, agosto de 2002) y *Inner Work Life* (HBR, mayo de 2002). 2007).

Amabile y Kramer son los coautores *de The Progress Principle: Using Small Wins to Ignite Joy, Engagement, and Creativity at Work* (Harvard Business Review Press, 2011).

Publicado originalmente en *Harvard Business Review* en mayo de 2011 (producto #R1105C).

LISTA DE VERIFICACIÓN DEL PROGRESO DIARIO

Cuando se acerque el final de cada jornada laboral, usa esta lista de control para revisar y planificar tus acciones de dirección para el día siguiente. Al cabo de unos días, serás capaz de identificar los problemas fijándote en las palabras en negrita.

En primer lugar, concéntrate en el progreso y los reveses, y reflexiona sobre los acontecimientos específicos —catalizadores, nutrientes, inhibidores y toxinas— que contribuyeron en ellos. A continuación, analiza cualquier otra señal de la vida laboral y la información que te proporciona sobre el progreso y otros acontecimientos. Por último, establece las prioridades para pasar a la acción.

El plan de acción para el día siguiente es la parte más importante de tu revisión diaria: ¿Qué puedes hacer para favorecer el progreso?

Progreso

¿Qué hechos de hoy, 1 o 2, supusieron una pequeña victoria o un posible progreso? (Descríbelos brevemente.)

___

___

Catalizadores

- ☐ ¿El equipo tenía unas **metas** claras a corto y largo plazo respecto a un trabajo significativo?
- ☐ ¿Los miembros del equipo tenían suficiente **autonomía** para resolver los problemas y hacerse cargo de la situación?
- ☐ ¿Tenían todos los **recursos** que eran necesarios para avanzar de forma eficaz?
- ☐ ¿Tuvieron el **tiempo** suficiente para concentrarse en el propósito del trabajo?
- ☐ ¿He hablado con mi equipo de las **lecciones** que nos han enseñado los éxitos y los fracasos de hoy?

(*continúa*)

LISTA DE VERIFICACIÓN DEL PROGRESO DIARIO

- ☐ ¿Les ofrecí **ayuda** cuando la necesitaron o la solicitaron? ¿Animé a los miembros del equipo a que colaboraran los unos con los otros?
- ☐ ¿Favorecí que las **ideas** fluyeran libremente dentro del grupo?

Nutrientes

- ☐ ¿Mostré **respeto** a los miembros del equipo reconociendo sus contribuciones, atendiendo sus ideas y tratándolos como profesionales de confianza?
- ☐ ¿**Animé** a los miembros del equipo que afrontaron retos difíciles?
- ☐ ¿**Apoyé** a miembros del equipo que tenían un problema personal o profesional?
- ☐ ¿Existe un **sentido de grupo** personal y profesional dentro del equipo?

Contratiempos

¿Qué acontecimientos, 1 o 2, conllevaron un pequeño revés o una posible crisis? (Descríbelos brevemente.)

Inhibidores

- ☐ ¿Hubo alguna confusión respecto a las **metas** a corto o largo respecto a la realización de un trabajo importante?
- ☐ ¿Los miembros del equipo estaban demasiado **bloqueados** para resolver problemas y sentirse dueños del proyecto?
- ☐ ¿Les faltó alguno de los **recursos** que necesitaban para avanzar de manera eficaz?
- ☐ ¿Les faltó **tiempo** suficiente para centrarse en el significado de su trabajo?
- ☐ ¿Les proporcioné la **ayuda** necesaria o la que reclamaron?

(*continúa*)

LISTA DE VERIFICACIÓN DEL PROGRESO DIARIO

- ☐ ¿He «sancionado» el fracaso o he descuidado el **aprendizaje** a partir de los problemas o los éxitos?
- ☐ ¿He interrumpido la presentación o el debate de **ideas** antes de tiempo?

Toxinas

- ☐ ¿He **faltado al respeto** a algún miembro del equipo al no reconocer su contribución al progreso, al no atender sus ideas o al no tratarlo como a un profesional en quien confío?
- ☐ ¿He **desanimado** a algún miembro del equipo de alguna manera?
- ☐ ¿He **descuidado la atención** a un miembro del equipo que tenía algún problema personal o profesional?
- ☐ ¿Existe tensión o **antagonismo** entre algunos miembros del equipo o entre los miembros del equipo y yo?

Vida laboral interna

- ¿He visto algún indicio de la calidad en la vida laboral interior de mis empleados?

  ____

  ____

- Percepciones del trabajo, del equipo, de la dirección, de la empresa

  ____

- Emociones ______________________________

  ____

  ____

- Motivación ______________________________

  ____

  ____

- ¿Qué factores específicos podrían haber afectado a la vida laboral interior en el día de hoy?

  ____

  ____

(*continúa*)

LISTA DE VERIFICACIÓN DEL PROGRESO DIARIO

Plan de acción

- ¿Qué puedo hacer mañana para fortalecer los catalizadores y nutrientes que he identificado? ¿Y para favorecer los que faltan?

  ____

  ____

  ____

  ____

  ____

  ____

- ¿Qué puedo hacer mañana para empezar a eliminar los inhibidores y las toxinas que he observado en mi equipo?

  ____

  ____

  ____

  ____

  ____

10

Cómo el fundador de TOMS reinventó el propósito de la compañía

Blake Mycoskie

En el otoño de 2012, hice algo que nunca imaginé que podría hacer: me tomé un año sabático de TOMS, mi empresa. No fue el típico año sabático que quería dedicar a dar la vuelta al mundo. Me mudé con Heather, mi esposa, al lugar en el que me había criado: Austin, Texas. Pretendía aprovechar la separación física y psicológica de la empresa para llegar a conocerme mejor, conocer mi alma.

Después de seis años de haberla fundado, TOMS pasó de ser una *startup* con sede en mi apartamento de Venice, California, a ser una compañía global con un ingreso de más de 300 millones de dólares. Por aquel entonces, todavía poseía el 100% de las acciones, y seguíamos cumpliendo nuestra promesa de regalar un par de zapatos a alguien que los necesitara por cada par que vendíamos; pero estaba desencantado. Mis días eran bastante anodinos, y había perdido mi conexión con muchos de los ejecutivos que dirigían las operaciones diarias. Lo que una vez había sido mi razón de ser ahora era tan solo un trabajo.

Durante mi año sabático pensé mucho en mis prioridades personales. Sabía por qué había fundado la compañía y por qué la gente se me unió en los primeros días... Y todavía creía en el objetivo y en el impacto que estábamos causando. Pero ya no estaba seguro de querer seguir en el negocio.

Finalmente, llegué a una conclusión sorprendente: me sentía perdido porque TOMS se había enfocado más en los procedimientos que en los propósitos. Nos preocupábamos tanto de mejorar nuestros procesos que habíamos perdido de vista nuestro propósito original: usar el negocio para mejorar la calidad de vida de las personas. Esa es nuestra mayor ventaja competitiva, porque nos permite construir una relación emocional con los clientes y los empleados, porque saben que forman parte de un «propósito» superior a ellos mismos.

Después de mi año de descanso fuera del negocio, regresé con las energías renovadas. Tenía una meta clara: conseguir que TOMS fuera, de nuevo, un «propósito» inspirador.

La gestación de la empresa

Se me ocurrió la idea de fundar TOMS durante lo que podría llamarse *un año sabático*. Después de fundar y vender varias empresas —un negocio de lavandería puerta a puerta, una compañía de publicidad, un servicio de formación en línea de conductores— e intentar entrar en el mundo de la televisión —competí en *The Amazing Race* con mi hermana y creamos un canal en directo para la televisión por cable—, en 2006 decidí tomarme un tiempo para aprender a jugar al polo en Argentina. Soy consciente de que eso suena como una extraña combinación de actividades, pero siempre he logrado la felicidad persiguiendo mis sueños.

En Buenos Aires conocí a una mujer que trabajaba en una ONG que se dedicaba a proporcionar calzado a los niños pobres de las zonas rurales. Me invitó a que la acompañara: la experiencia me cambió la vida. Todos los pueblos nos recibían gritando de alegría y aplaudiendo. En una ocasión conocí a un par de hermanos —de 10 y 12 años— que habían estado compartiendo un solo par de zapatos. Como las escuelas locales exigían llevar una indumentaria adecuada, tenían que turnarse para ir a clase. Su madre lloró de emoción cuando le entregué unos zapatos que se ajustaban a los pies de sus hijos. No me podía creer que un acto tan simple causara un impacto tan grande en la vida de las personas.

Por eso decidí hacer algo más. En lugar de volver a casa y pedirles a mis amigos que donaran su ropa usada o que contribuyeran a la causa, decidí fundar una empresa de zapatos basada en la idea de regalar un par de zapatos por cada par que vendiéramos.

En un primer momento la llamé Shoes for Tomorrow, más adelante, Tomorrow's Shoes, y finalmente se convirtió en TOMS, para que se ajustara correctamente a las pequeñas etiquetas de nuestros zapatos —en la actualidad, cuando me presento, la gente aún se sorprende de que mi nombre no sea Tom—.

Con Alejo, mi profesor de polo, convencimos a un zapatero local para que nos ayudara a actualizar un modelo de alpargata —una zapatilla de lona usada por los argentinos durante más de un siglo—. Apropiándome de un término del libro de Eric Ries, *The Lean Startup,* nuestros primeros zapatos fueron el resultado del «producto mínimo viable». Tenían manchas de pegamento, medidas argentinas y no todos los pares eran iguales, pero eran lo suficientemente buenos como para que mis amigos de Los Ángeles probaran los prototipos. Mi objetivo era vender 250 pares para poder regalar 250 en Argentina.

De vuelta a casa organicé una cena con unas amigas para que me dieran su consejo. Les encantaron los zapatos y se emocionaron cuando les dije que en realidad eran una herramienta para ayudar a los niños necesitados. Enseguida me sugirieron algunos comercios locales que podrían servir como tiendas minoristas. Así que me dirigí a una de ellas, American Rag, y pregunté por el encargado. Sabía que mis zapatos no podían competir ni con la calidad ni con el precio de sus zapatos, así que le expliqué por qué quería venderlos. La tienda se convirtió en nuestra primera cuenta minorista.

Poco después, un sábado por la mañana, me desperté con el ruido que hacía mi BlackBerry vibrando. Por aquel entonces, la página web de TOMS estaba configurada para enviar un correo electrónico a mi teléfono cada vez que se hiciera una venta. Por lo general, los pedidos eran de mi familia o de mis amigos, por lo que los zumbidos de mi móvil eran una agradable sorpresa. Pero ese día el teléfono no dejó de sonar en ningún momento. Durante el desayuno, eché un vistazo a *Los Angeles Times* esperando encontrar una pequeña reseña de TOMS, pero lo que encontré me dio la explicación de los zumbidos de mi BlackBerry:

TOMS era la portada de la sección «Calendar». Al final del día habíamos vendido 2.200 pares de zapatos. Era increíble, pero gestionar toda la cadena de suministros requería hacer frente a un gran desafío. En mi apartamento solo tenía 200 pares de zapatos.

Los siguientes seis meses trabajé con un equipo de becarios para convertir mi proyecto en una empresa de verdad. Recibimos otras reseñas positivas de *Vogue*, *People*, *Time* o *Elle*. Pronto, celebridades como Tobey Maguire, Keira Knightley y Scarlett Johansson fueron fotografiadas llevando unas TOMS. Nordstrom insistió en llevar nuestros zapatos. Al final del verano habíamos vendido 10.000 pares. El mensaje de TOMS estaba llegando a la gente.

El desencanto

En 2011, TOMS tenía una tasa de crecimiento anual del 300%, y en ese mismo año regalamos nuestro par de zapatos número 10 millones. El modelo de «un zapato regalado por cada uno vendido» —que había sido desestimado inicialmente por los empresarios tradicionales al juzgarlo insostenible— fue un éxito rotundo. Por eso decidimos extenderlo al negocio de las gafas, regalando unas gafas o un tratamiento oftalmológico por cada par que vendíamos. No era nuestro único rasgo característico: un tercio de nuestros ingresos provenía de las ventas directas al consumidor a través de nuestra web, y no gastábamos prácticamente nada en publicidad tradicional, sino que confiamos en la influencia de nuestros 5 millones de seguidores en las redes sociales para poder llegar a todas partes.

En septiembre de 2012, Heather y yo nos casamos. Contraté a un equipo experimentado de ejecutivos para manejar las operaciones diarias y, por primera vez desde que fundé el negocio, sentí que podía tomarme un descanso. Fue un alivio, pero había algo que me perturbaba. El entusiasmo y la camaradería de nuestros inicios estaban empezando a ser reemplazados por una cultura más jerárquica. El equipo de liderazgo estaba atrapado en conflictos de personalidad y otras disputas, y los miembros de la dirección querían aplicar procesos y sistemas similares a los que utilizaban en sus empresas anteriores. Como organización, estábamos tan centrados en proteger lo que habíamos construido que nadie pensaba en nuevas posibilidades. Me di cuenta de que algunos de los empleados más veteranos empezaban a marcharse a empresas más emprendedoras, y me percaté de que, en realidad, me hubiese ido con ellos.

Había vendido alguna de mis empresas con anterioridad; pero TOMS era diferente. Para mí era mucho más que una empresa: era mi vida. Así que estos momentos de incertidumbre los viví como el que tiene problemas en su matrimonio. Creí haber encontrado mi media naranja en los negocios, pero ya no estaba enamorado de ella. ¿Qué podía hacer? Para mí, el año sabático fue como ir a terapia de pareja. No me estaba divorciando; estaba trabajando para que TOMS y yo nos reconciliáramos. Si hubiera sido un simple problema de negocios, habría organizado una reunión estratégica. Pero la situación me afectaba tanto en lo personal como en lo empresarial. Necesitaba recuperar el rumbo de la empresa y encontrar mi nuevo rol en ella. Y me gusta pensar a solas.

Cuando me fui a Austin intenté no provocar un gran escándalo —le dije a mi gente que el descanso suponía una prolongación de la luna de miel con Heather—. Pero, una vez allí, dediqué mucho tiempo a la meditación. Hablaba con cualquier persona que pudiera ofrecerme buenos consejos e inspirarme. Hablé regularmente con mi mentor, con mis amigos empresarios y con los líderes empresariales de organizaciones sin ánimo de lucro. Viajé a conferencias por todo el país para aprender de los mejores expertos en iniciativa social y desarrollo internacional.

Fue entonces cuando leí el fantástico libro de Simon Sinek, *Start with Why*, que está dedicado a los líderes que inspiran a la acción, como Martin Luther King Jr., y a las empresas que crean productos tan atractivos que los fans se ponen en fila para comprarlos, como Apple. Sinek argumenta que solo se pueden construir y sostener estos movimientos cuando se lidera con el «porqué». La gente te sigue y te compra cuando creen en el propósito de lo que estás haciendo.

Cuantas más vueltas daba esta idea en mi cabeza, me di cuenta de que TOMS se había desviado de su «porqué». Al principio, siempre nos guiábamos por nuestro relato: no vendíamos zapatos, vendíamos la promesa de que cada compra beneficiaría de forma directa a un niño que necesitara zapatos. Pero nuestro deseo por mantener el crecimiento desmesurado nos había alejado de esa misión y nos obligaba a centrarnos en los procesos y en las decisiones, como cualquier otra compañía de zapatos. En el intento de alcanzar metas más arriesgadas, empezamos a promocionar ofertas y descuentos en nuestra página web, una estrategia que nunca habíamos usado antes. El *marketing* estaba cada vez más centrado en el producto en lugar de estarlo en el propósito. Y, como líder de TOMS, yo era en última instancia el responsable de esos errores. Esto fue duro de digerir.

Otra gran revelación ocurrió durante un partido de los Cowboys de Dallas. Me presentaron a un hombre llamado Joe Ford, que me dijo que su hijo, Scott, también estaba usando los negocios para mejorar la vida de los demás, pero no con los zapatos; él lo hacía con el comercio del café en Ruanda. Joe me explicó la importancia que tenía el agua en la cadena de suministros del café. Cuando los granos se procesan con agua limpia, en lugar de con agua sucia, pasan a convertirse en un producto refinado. En consecuencia, pueden venderse a un precio más alto. La compañía de Scott, Westrock Coffee, estaba ayudando a los cultivadores ruandeses a construir lavaderos para aumentar el valor de su producto y para evitar la propagación de enfermedades transmitidas por el agua. También compraba el café directamente a los cultivadores —luchando así contra el injusto control de precios de esta industria— y ofrecía préstamos a bajo interés, como alternativa a los prestamistas sin escrúpulos. Pero lo mejor de todo era que Westrock era un negocio rentable que vendía un café fantástico.

Después de conocer a Scott, empecé a pensar que una aventura de TOMS con el café podía tener un importante impacto real. Además, quizá me ayudaba a salir de la confusión en la que andaba metido. Como la mayoría de los empresarios, me estimula terriblemente empezar un proyecto y adentrarme en lo inesperado. Nadie dudaba de nuestro negocio de zapatos, pero poca gente podía imaginarse que también podríamos vender café. Además, la expansión podía allanar el camino para una nueva experiencia de venta al por menor, algo que durante mucho tiempo había querido intentar. Podríamos crear cafeterías que sirvieran de espacio comunitario para intercambiar ideas, inspirarse y conectar con el «porqué» de TOMS. Este proyecto —y su desafío— me dieron la energía que me faltaba.

Transmití la idea a nuestros ejecutivos. Del mismo modo que con los zapatos, TOMS Roasting tendría un modelo de «uno por uno»: por cada bolsa de café vendida, daríamos el equivalente a una semana de agua a una persona que lo necesitara. Cuando me dieron el visto bueno, reuní rápidamente a un pequeño equipo de empleados de TOMS para poner en marcha el proyecto. Seguía viviendo en Austin, pero cuanto más hablaba de mis planes con Heather —ella había sido una de las primeras empleadas de TOMS que nos conocía, a mí y al negocio, mejor que la mayoría de la gente—, más nos dábamos cuenta de que era el momento de poner fin a mi año sabático. Acabábamos de comprar una casa y teníamos un gran grupo de amigos, pero a principios de 2013 me dijo: «Blake, tenemos que volver a Los Ángeles». Si iba a comprometerme de nuevo con TOMS, no podía hacerlo desde la distancia.

El regreso

El regreso fue estupendo. Pero enseguida cometí los clásicos errores que cometen los fundadores cuando se reincorporan a sus empresas. El primer error fue exponer mi visión —cómo el negocio del café podía inspirar a la gente a pensar en el «porqué» de Toms— sin haberla planeado concienzudamente. En consecuencia, algunos de mis compañeros se mostraron inquietos. El segundo, fue pedirle al CMO de la empresa que renunciara para que yo pudiera tomar la responsabilidad del *marketing* y la comunicación. Era un área que consideraba clave para la nueva dirección, no solo para integrar el nuevo negocio, sino también para recuperar la pasión de nuestros clientes. Pero enseguida me di cuenta de que tengo más habilidades en el rol de fundador —explicar la visión y viajar por el país para comunicarla— que en la dirección del departamento de *marketing* o cualquier otro.

A pesar de estos contratiempos, a finales de 2013 ya habíamos lanzado el negocio del café a escala nacional en los establecimientos Whole Food, habíamos abierto tres cafeterías propias y empezábamos a explorar las posibilidades del mercado internacional. Hoy por hoy, hemos proporcionado más de 175.000 semanas de agua potable a personas necesitadas en todo el mundo. El nuevo producto generó una tonelada de relaciones públicas y entusiasmó de nuevo a los clientes de TOMS. Pero creo que lo más importante es que permitió que nuestros empleados volvieran a pensar en grande, desafiaran el *statu quo* y volvieran a conectarse con el propósito de la empresa.

A mí también me hizo pensar en algo más grande. Me di cuenta de que mi objetivo final era crear la empresa más influyente e inspiradora del mundo; algo que no podía lograr sin ayuda. Decidí reunirme con algunas empresas de capital privado que habían ayudado a empresas emprendedoras a pasar a la siguiente etapa de crecimiento. A mediados de 2014, después de una exhaustiva búsqueda, vendí el 50% de TOMS a Bain Capital. Definimos claramente mi papel y mis responsabilidades, y acordamos contratar a un CEO de clase mundial.

El hombre que encontramos, Jim Alling, representa los valores centrales de TOMS. Aunque en un principio tuvo sus dudas —pasó gran parte de su carrera en puestos de responsabilidad en Starbucks—, entendió lo que representaba la jugada. La creación de

TOMS Roasting no fue un intento por competir con las grandes cadenas, sino más bien un movimiento decidido para volver a comprometerse con la comunidad y poder ayudar a más gente. Durante el último año, Jim ha aportado estabilidad y pensamiento estratégico al negocio. En la actualidad también vendemos bolsos para financiar partos seguros para las madres y los bebés que lo necesitan, y mochilas para apoyar los programas contra el acoso escolar.

A medida que va acercándose el décimo aniversario de TOMS, me siento más enérgico y comprometido que nunca. Desde mi punto de vista, aún quedan muchas oportunidades para hacer crecer nuestro movimiento. El «porqué» de TOMS —aprovechar los negocios para mejorar vidas— es más grande que yo, de lo que vendemos o de cualquier otro producto que podamos lanzar. Fue necesario tomarme un año sabático para entender el poder de lo que hemos creado —y para encontrar el propósito que me empuja hacia adelante—. Ahora que tengo un propósito claro y unos compañeros asombrosos a mi lado, estoy preparado para los próximos diez años de la compañía y para todas las aventuras que nos esperan.

BLAKE MYCOSKIE es el fundador de TOMS.

Publicado originalmente en *Harvard Business Review* en enero-febrero de 2016 (producto #R1601A).

Índice

Índice

Índice

Guías Harvard Business Review

En las **Guías HBR** encontrarás una gran cantidad de consejos prácticos y sencillos de expertos en la materia, además de ejemplos para que te sea muy fácil ponerlos en práctica. Estas guías realizadas por el sello editorial más fiable del mundo de los negocios, te ofrecen una solución inteligente para enfrentarte a los desafíos laborales más importantes.

Monografías

Michael D Watkins es profesor de Liderazgo y Cambio Organizacional. En los últimos 20 años ha acompañado a líderes de organizaciones en su transición a nuevos cargos. Su libro, **Los primeros 90 días**, con más de 1.500.000 de ejemplares vendidos en todo el mundo y traducido a 27 idiomas, se ha convertido en la publicación de referencia para los profesionales en procesos de transición y cambio.

Las empresas del siglo XXI necesitan un nuevo tipo de líder para enfrentarse a los enormes desafíos que presenta el mundo actual, cada vez más complejo y cambiante.

Este libro presenta una estrategia progresiva que todo aquel con alto potencial necesita para maximizar su talento en cualquier empresa.

Publicado por primera vez en 1987 **El desafio de liderazgo** es el manual de referencia para un liderazgo eficaz, basado en la investigación y escrito por **Kouzes** y **Posner**, las principales autoridades en este campo.

Esta sexta edición se presenta del todo actualizada y con incorporación de nuevos contenidos.

¿Por qué algunas personas son más exitosas que otras? El 95 % de todo lo que piensas, sientes, haces y logras es resultado del hábito. Simplificando y organizando las ideas, **Brian Tracy** ha escrito magistralmente un libro de obligada lectura sobre hábitos que asegura completamente el éxito personal.

Crear un equipo y un entorno donde la gente pueda desarrollar bien su trabajo es el mayor reto de un líder, a quien también se le exige que mejore el rendimiento de su equipo a través de un liderazgo innovador. **La Mente del Líder** ofrece importantes reflexiones y puntos de vista que nos muestran el camino a seguir para que todo esto suceda.

Enfrentar el cambio radical que provocará la IA puede resultar paralizante. **Máquinas predictivas** muestra cómo las herramientas básicas de la economía nos dan nuevas pistas sobre lo que supondrá la revolución de la IA, ofreciendo una base para la acción de los directores generales, gerentes, políticos, inversores y empresarios

Nuestra atención nunca ha estado tan sobrecargada como lo está en la actualidad. Nuestros cerebros se esfuerzan para realizar múltiples tareas a la vez, mientras ocupamos cada momento de nuestras vidas hasta el límite con distracciones sin sentido.

Hyperfocus es una guía práctica para manejar tu atención: el recurso más poderoso que tienes para hacer las cosas, ser más creativo y vivir una vida con sentido.

Make Time es un manifiesto encantador, una guía amigable que nos ayudará a encontrar la concentración y la energía en nuestro día a día.

Se trata de dedicar tiempo a lo realmente importante fomentando nuevos hábitos y replanteando los valores adquiridos fruto de la actividad frenética y de la distracción.

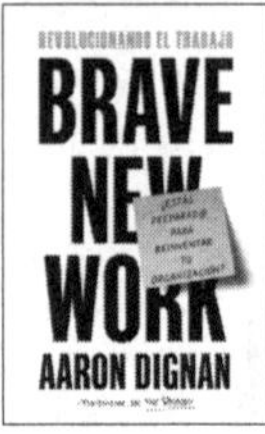

La obra de **Aaron Dignan** es una lectura obligada para todos aquellos interesados por las nuevas formas de trabajo. Un libro del todo transgresor que nos explica exactamente cómo reinventar nuestra forma de trabajar, dejando atrás los clásicos sistemas jerárquicos verticales, y potenciando la autonomía, la confianza y la transparencia. Una alternativa totalmente revolucionaria que ya está siendo utilizada por las startups más exitosas del mundo.

También disponibles en formato e-book

Solicita más información en
revertemanagement@reverte.com
www.revertemanagement.com